Ralph Hoppe

Quer durch Mitte · Das Klosterviertel

BERLINISCHE REMINISZENZEN 77

Ralph Hoppe

Quer durch Mitte
Das Klosterviertel

HAUDE & SPENER

Abbildungen: Archiv des Autors (S. 6, 14, 20, 25, 32/33, 92, 93, 99, 116); Archiv Parochialkirche (S. 57, 76); Bildarchiv Breitenborn (S. 107); Ralph Hoppe (Umschlag, S. 43 u., 47, 49, 60, 64, 115); Landesarchiv (S. 19, 27, 39, 83); Landesbildstelle (S. 43 o., 69, 71, 104); Stadtmuseum Berlin/Märkisches Museum (S. 54, 81)

Das Buch ist Margrit Starick und Gerd Gerlach gewidmet.

Dank vor allem dem Landesarchiv und dem Zentrum für Berlin Studien, den Pfarrern der Parochialkirche, der Letzten Instanz, der Feuerwache Mitte und dem Podewil sowie all den anderen Gesprächspartnern und Helfern im und außerhalb des Klosterviertels, besonders Susanne Bella, Benedikt Goebel und den Mitarbeitern von StattReisen Berlin.

Die Deutsche Bibliothek – CIP-Einheitsaufnahme

Hoppe, Ralph:
Quer durch Mitte : Das Klosterviertel / Ralph Hoppe. – Berlin:
Haude und Spener, 1997
(Berlinische Reminiszenzen; 77)
ISBN 3-7759-0413-1
NE: GT

Satz: Volker Spiess, Berlin
Umschlag: Uwe Friedrich, Berlin
Gesamtherstellung: Ebner Ulm
ISBN 3-7759-0413-1

Inhalt

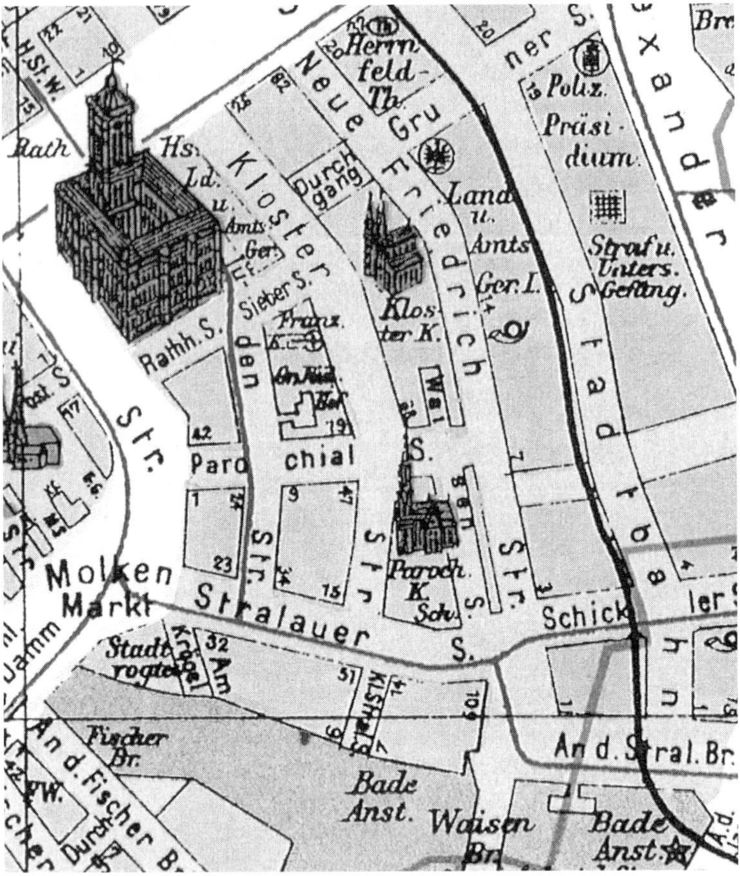

Straßenplan um 1930

Spazieren. Schon das Wort verweigert sich dem Vorhaben. Ein zum Vergnügen im Freien schlendern wird es nicht. Denn weit werden wir nicht kommen, das Viertel ist zu klein, um sich zu verlaufen. Die natürliche Grenze bildet die Spree im Süden, im Osten wird es die Stadtbahnstrecke, im Westen soll es die Jüdenstraße sein – und im Nordwesten unüberhörbar und schwer überwindbar die achtspurige Grunerstraße. Nicht einmal 30 Gebäude oder Gebäudekomplexe sind »abzulaufen«, dafür sind die nicht gerade klein. Ein Nachmittag dürfte reichen. Aber der hätte es – zumindest historisch gesehen – in sich.

Das Klosterviertel war einmal gut bewohnt. Wo gibt es noch Häuser mit Klingelschildern? Wo gibt es Geschäfte und Läden, wo Gastronomie? Zwei Kirchen stehen noch, aber nur eine halbwegs intakt. Wo steckt die Gemeinde?

Es gibt derzeit zwei Buslinien, die das Viertel tangieren, eine Nachtlinie und eine U-Bahnstation. Wer sind die Benutzer der Haltestellen? Eine tote Ecke. Aber mit lebendiger Geschichte!

Ankunft

»Zurückbleiben! Zurückbleiben bitte!« Aber gern doch.

U-Bahnhof Klosterstraße.

Schon beim Durchfahren reizt, daß die Werbeflächen gar keine sind. Das belebt und lenkt angenehm ab, ja entspannt gleichsam, auf etwas anderes zu gucken als auf Werbung. Wer die Strecke der heutigen U 2 kennt, als sie noch Ost-Berliner Linie A war und auf den Bahnhöfen weder für Zigaretten, noch für Dessous oder Autos geworben wurde, wird die Emailletafeln mit den historischen Berliner Nahverkehrs-Fahrzeugen eher als wohltuend bunten Farbtupfer empfunden haben.

Und heute? Was der BVG da für Gelder verloren gehen! Kein Mitleid. Statt Schaden- sei doch lieber Sehfreude empfohlen. Die verkehrsgeschichtlichen Darstellungen wurden in ihrer Größe den alten Werberahmen angepaßt. Auf Höhe des Abfertigerhäuschens, das wuchtig auf dem Bahnsteig steht, zum einen der Blick auf eine Straßenszene mit zwei von Pferden gezogenen Fahrzeugen und Passanten, zum anderen das Innere der Bahnhofshalle am Alexanderplatz, wo einst neben der Stadtbahn auch Fernbahnzüge hielten. Rechts und links davon der leporelloartige Blick auf die Entwicklung von Fahrzeugtypen. Auf der einen Seite je fünf historische Fahrzeuge der S- und U-Bahn, beginnend mit dem Jahr 1903; auf der gegenüberliegenden Wand Abbildungen von Straßenbahnen und Bussen mit den entsprechenden Vorformen seit 1890. Mit Beispielen aus dem Jahre 1962 bricht das Ganze abrupt ab. Auf allen Reproduktionen steht wiederum kleingedruckt die Jahreszahl 1985.

Noch nicht getilgt ist der Name des Herstellers dieser »Histörchen«: VEB Schilderwerk Beutha. Im heutigen Ortsverzeichnis findet sich der Name in der Region 09, Chemnitz: eine zurückbenannte Stadt, die ein paar Jahrzehnte Karl-Marx-Stadt heißen mußte. Gab es denn in Ost-Berlin, der

Hauptstadt der DDR, kein Schilderwerk? Die Sache liegt anders. Jeder DDR-Bezirk hatte seinen Beitrag zur Verschönerung der Halb-Metropole Ost-Berlin zu leisten, zumal 1987 das große Jubiläum der 750-Jahr-Feier seine Schatten weit in die DDR warf. Das WBK Karl-Marx-Stadt, das Wohnungsbaukombinat des Bezirkes, erbrachte hiermit einen Beitrag für die Hauptstadt. Natürlich auch Beutha. Was hatte das mit einem Ost-Berliner U-Bahnhof gemein? Zentralismus. DDR-Geschichte.

Im Ausgang Fahrtrichtung Alexanderplatz, über den wir den U-Bahnhof verlassen wollen, überraschend ein U-Bahnwagen zwischen den Treppenaufgängen, direkt in Höhe der Ein- oder Ausfahrt plaziert. Er besitzt kein Fahrzeuggestell mehr. In seiner vermeintlichen Fahrtrichtung sind offensichtlich Bordsteinkanten im Boden eingelassen, mitten auf dem Bahnsteig, der breiter als jene der Nachbarbahnhöfe ist. Blau gehaltene Metallträger fangen im goldenen Schnitt die Last ab. Sie sind in Pfeilerform mit ionischem Kapitell gestaltet und verweisen damit auch auf ihre tragende Funktion. Auffällig sind ferner die doppelläufigen Treppen, die zum Zwischengeschoß führen, wo es doch sonst vom Bahnsteig aus nur eine gibt. All das läßt vermuten, daß in der Mitte der Station einmal ein Gleis vorgesehen war. Ergäbe zwei Bahnsteige und drei Gleise. Aber warum?

Nachdem die erste Hoch- und Untergrundbahn von Berlin zwischen Warschauer Brücke und Knie, dem heutigen Ernst-Reuter-Platz, im Verlaufe des Jahres 1902 eröffnet worden war, tangierte sie zunächst nur die Peripherie des Zentrums von Berlin. Eine Verlängerung in die Altstadt und darüber hinaus nach Norden beherrschte alsbald die Planungen. Schon vor Inbetriebnahme der Erweiterung der Strecke vom Potsdamer Platz zum Spittelmarkt im Jahre 1908 wurde am 22. Dezember 1907 die Verlängerung über den Alexanderplatz bis zur Schönhauser Allee und damit die Verknüpfung mit dem Nordring der S-Bahn, genehmigt. Weitere Verhandlungen erbrachten zusätzlich eine Streckenabzweigung in den

Berliner Osten, die an der Klosterstraße beginnen und sich nochmals am Alexanderplatz mit der Linienführung zur Schönhauser Allee kreuzen sollte. Im Juni 1911 gaben die Berliner Stadtverordneten schließlich dieser U-Bahn zur Frankfurter Allee ihren Segen.

Ab Juli 1913 konnte die Verlängerung zum Nordring genutzt werden. Die Verzweigung zur Frankfurter Allee geriet jedoch über Vorleistungen nicht hinaus, bis schließlich der Erste Weltkrieg diesen Plänen ein Ende setzte und damit auch dem U-Bahn-Knoten Klosterstraße. Die Untergrundbahn zur Frankfurter Allee im Bezirk Friedrichshain und darüber hinaus bis Friedrichsfelde in Lichtenberg fuhr als Linie E des Streckennetzes schließlich erst 1930. Anfangs- und Endpunkt war der Alexanderplatz. Dort kreuzten sich Fern-, S- und U-Bahn, die Anschluß zu Straßenbahn sowie einigen Buslinien ermöglichten. Ein Verkehrsknotenpunkt wie er im Buche steht. Die entdeckten Spuren auf dem U-Bahnhof Klosterstraße waren wohl doch eine Spur zu groß. So blieb die U-Bahn im wahrsten und hier auch sichtbarsten Sinne des Wortes stecken. Das mittlere Gleisbett, auf dem die Züge aus Richtung Frankfurter Allee halten sollten, wurde verfüllt. In Richtung Alexanderplatz hätten sich nach der Ausfahrt die Züge nach beiden Richtungen geteilt, auf dem anderen äußeren Bahnsteig wären nur die Wagen von der Schönhauser Allee zum Halten gekommen. Deshalb legten die Planer vom Zwischengeschoß zwei Treppen zu den Bahnsteigen an.

Der eingestellte U-Bahnwagen war übrigens bis 1981 in Betrieb, als Überführungsfahrzeug im besonderen Einsatz. Fahren die Züge der U 2 nach Vinetastraße aus dem Bahnhof, so huschen sie links an einer eingleisigen Tunnelabzweigung vorbei. In offener Bauweise realisiert, konnte diese am 16. Februar 1952 in Betrieb gehen, als im Zusammenhang mit dem 50jährigen U-Bahnjubiläum jener Überführungstunnel eröffnet wurde. Vorausschauendes Gewappnetsein im Kalten Krieg? Durchaus. Es gibt nämlich zwei Profile im Berliner Untergrund, nicht etwa was die Spurbreite anbetrifft, sondern die Breitenausdehnung der Waggons. Die heutige U 2 gehört ins Lager der Kleinprofile, mit einer Wagenbreite von 2,30 m, die in der Nachbarschaft gelegenen Strecken der U 5 und U 8 jedoch zum Großprofil, mit einer Breite von 2,65 m. Nach dem Bau der Mauer bestand für die Fahrgäste im Osten das geschrumpfte Streckennetz nur noch aus zwei Linien. Zwischen der Kleinprofillinie A (U 2) und der Großprofillinie E (U 5) war durch den Tunnel eine Überführung der schmaleren Wagenzüge zum U-Bahn-Betriebsbahnhof Friedrichsfelde möglich. Es hätte ohne ihn nach dem Bau der Mauer erhebliche Probleme gegeben. Und vor dem Bau derselben mußte nicht immer auf die Betriebswerkstatt im Westen ausgewichen werden. Der Osten wollte unabhängig sein. Im Endeffekt fuhren dann doch noch Züge von der Klosterstraße über Alexanderplatz in Richtung Frankfurter Allee, nur nicht im öffentlichen Nahverkehr.

Verlassen wir diese Station vorerst und begeben uns auf die »Reise« quer durch Mitte in die Klosterstraße. *Sie gehört im allgemeinen nicht zu den Straßen unserer Hauptstadt, die durch ihre Schönheit oder durch ihre Merkwürdigkeiten die Augen der Einheimischen und der Fremden auf sich ziehen.* [1] Für unseren Spaziergang nicht gerade ermutigend, was der Prediger Ziethe 1886 über sie zu sagen weiß. Offensichtlich hängt die Bezeichnung mit einem Kloster zusammen, da solch ein historischer Straßenname keine Fiktion sein kann.

Oben angekommen, sind schnell zwei Kirchen auszumachen. Die eine ist Backsteinruine, und die andere, ein Putzbau, sieht rein äußerlich jünger, aber auch nur unwesentlich besser aus. Von einem Kloster keine Spur, selbst nach Ausschreiten der gleichnamigen Straße, die schneller als gedacht an der Stralauer und an der Grunerstraße zu Ende ist. Der einzige freie Platz für eine solche Anlage wäre die Grünfläche neben der Kirchenruine. Wie eröffnete Heinz Knobloch doch gleich eines seiner wichtigsten Bücher: *Mißtraut den Grünanlagen!* Wir werden es tun.

Das Klosterviertel

Auf einem aktuellen Stadtplan gibt es schlichtweg keine derartige Bezeichnung, ja selbst auf älteren Plänen nicht. Auch keine Spur davon auf dem ältesten seiner Art, der aus dem Jahre 1652 stammt, und vorrangig – ein Erbe des Dreißigjährigen Krieges – den Zustand der Verteidigungsmöglichkeiten von Berlin aufmißt, statt sich um detaillierte Kennzeichnung der Stadträume zu kümmern. Gibt es nicht noch ein Nikolaiviertel? Und war nicht auch einmal von einem Marienviertel die Rede? Im Mittelalter gaben die dominanten Kirchenbauten den Stadtvierteln den Namen, da sie von größerer Gestalt und Dominanz und deshalb tauglich zur Stadtteilbezeichnung waren. Hinzu kam die tiefe Religiösität der Menschen, ein wichtiger alltäglicher Wegbegleiter. Die Kirchen bildeten die großen Versammlungsräume. Es gab weder Parteien noch »Massenorganisationen«, dafür die Kirchengemeinden. Eine mittelalterliche Stadt ohne wenigstens einen Kirchenbau ist unvorstellbar. Zum Bild größerer Städte gehörten aber auch die Klosteranlagen. Und eine solche gab dem Viertel seinen Namen. Nur wer baute diesen Komplex?

Wir stehen am Eingang der Kirche, wo uns eine Tafel über die Bauherren aufklärt. RUINE DER FRANZISKANER-KLOSTERKIRCHE. Der Orden leitet seinen Namen von Franz von Assisi ab. Das »von« steht nicht für einen Adligen. Er stammte aus Assisi in Umbrien, der Mitte Italiens. Die Geschichte von Reformen innerhalb der christlichen Kirche ist lang und umfangreich. Wer kennt nicht Luther? Doch wer kennt Franz von Assisi?

Als er 1182 zur Welt kam, ließen ihn die Eltern angeblich auf den Namen Johannes taufen, nach dem berühmtesten aller Täufer. Im Dunkel der Vergangenheit bleibt der Namenswandel, der auf seine Vorliebe für Französisches und dessen Kultur zurückgehen soll. Doch irgendwann hat der Sohn wohlhabender Eltern die Saturiertheit satt und folgt dem Ideal der Armut, im besten ursprünglichen christlichen Sinn. Franziskus, sein nun allein gebräuchlicher Name, wollte zunächst keinen Orden schaffen und sich auch nicht mit anderen in abgeschiedene Klöster verziehen. Der Sinn stand ihm nach Predigt seiner Tugenden, letztlich alter Leitsätze des Evangeliums. *Gehet hin und verkündet*. Doch Vorsicht war geboten, zu viele zogen durch die Städte und predigten die Rückkehr zur Tugend der Armut, wiegelten das Volk gegen die Kirchenoberen auf. So trat er als Laie vor den Papst, ehe er womöglich noch der Ketzerei beschuldigt wurde. Die Kurie in Rom hatte sehr wohl begriffen, daß ihr diese barfüßigen Wanderprediger in erdfarbener Kutte die Massen wieder zuführen konnten. Dem Papsttum gegenüber streng gehorsam, verweigerten sich letztlich 1223 die Mannen um Franziskus der Ordensbestätigung nicht. Als er drei Jahre später starb, begann alsbald der Bau einer ihm geweihten ersten Kirche. Daß am Grabe eines solchen Mannes Wunder geschehen, liegt fast in der Natur der Sache, und so ließ die Heiligsprechung nicht lange auf sich warten. Zur gleichen Zeit trat ein Spanier namens Dominikus (ca. 1170–1221) an, mit armen und freien Priestern gleiches zu versuchen, auch unter dem Schutz des Heiligen Vaters. Da Arbeit zu Reichtum und Wohlstand führen kann, war die Verweigerung schon haus gemacht. Almosen tatens auch, und ihren Namen hatten beide dadurch weg; sie hießen fortan Bettelorden. Als Predigergemeinschaften wollten sie die Menschen in den Städten erreichen. Ein Hase-und-Igel-Spiel begann, denn wo der eine war, wollte der andere auch sein. Ein keineswegs trautes Pärchen nahm Quartier in den Städten, um sich zu bewähren. Wo war ihr Platz im städtischen Gefüge, wer wies den Brüdern ohne Geld das Bauland zu?

Wer sich in solche Gedanken vergraben vom Eingang weg in Uhrzeigerrichtung um die Kirche bewegt, bemerkt alsbald rechter Hand ein Stückchen Mauer aus längst vergangenen Tagen. Dieser Reste ansichtig geworden, stellen wir durch gedankliche Verlängerung dieser Mauer zur Kirchenruine

Die Klosterstraße im Jahre 1690

fest, wir stehen in der Stadt und somit auch der Klosterbau. Weil es die Fachwissenschaft schon längst bestätigt hat, ist Verallgemeinerung erlaubt. Wer in einer ihm fremden Stadt auf derartige Klosterkirchen der Franziskaner und Dominikaner trifft, könnte auch ohne Mauerreste den Stadtrand weissagen. Ausnahmen bestätigen stadtläufig die Regel.

Die Mitte war nämlich schon durch Domanlagen, Pfarrkirchen und Märkte, durch Rathäuser, Patrizier- und Bürgerhäuser besetzt. Hier wohnten die Wohlhabenderen, die Ärmeren am Rande der Stadt. Logik verhilft uns zur Einsicht: Nur an der Peripherie konnte Platz für Bettelorden sein, zumal auch der Quadratmeter billiger und die Flächeninanspruchnahme unproblematischer war. Setzen wir die Umrundung fort, so stoßen wir auf große Kapitellstücke, deren Zugehörigkeit zum Kirchenbau sich verbietet. Fassen wir uns vorerst in Geduld.

Wir bemerken an dieser Stelle ein Stück Wand aus natürlichem Stein. Reichten die Ziegelsteine nicht oder mußte hier stabiler gebaut werden? Zurück zur Tafel am Eingang. BEGONNEN UM 1250 ALS FELDSTEINKIRCHE, RESTE AN DER NORDWAND. Demzufolge sind die Feldsteinmauerungen als letzter Rest vom Ursprungsbau schlichtweg älter. Wie kam es dann zum Materialwechsel? Als ursprüngliches Baumaterial für Kirchen dienten die sogenannten Feldsteine. Bei späteren Um- oder Neubauten blieben oft ansehnliche Reste vom Feldsteinmauerwerk stehen. Auch bei der hiesigen Nikolai- und Marienkirche ist das so. Ohne das ältere Bauwerk komplett abzureißen, begann in dem im Ostteil liegenden Sanktuarium, also in jenem Bereich, auf den der Sakralraum ausgerichtet war, der Neubau in Ziegelstein. Von Ost nach West erneuert, blieb meist ein alter Teil im Westen unberührt, wo der Turmbau steht, der zugleich die Höhendominante bildet. So erhielt sich der Unterbau aus Feldstein meistens dort, der Turmaufbau zeigt das neue Material. Doch hier ist Feldsteinmauerwerk im Norden. Stand dort der Turm? Das macht keinen Sinn. Die Backsteinruine hat jedoch an keiner Stelle solche dicken Mauern, daß auf einen Turm geschlossen werden könnte. Den gab es schlichtweg nicht, und das aus gutem Grund. Zum Ideal der Franziskaner paßte schlecht, mit einem prunkvollen Bau zu protzen, und so stellte sich der Orden gleich rein äußerlich ein »Armutszeugnis« aus. Ein kleines Glockentürmchen tut's ja auch. Einfach wie die Mönchskutte sollte auch die bauliche Ummantelung der Klöster sein. Dieser Wille zur Reduktion setzte sich im Inneren fort. Um den Kirchraum zu betreten, ist ein Abstieg vonnöten, und nicht etwa ins Mittelalter, sondern aufs Bodenniveau desselben. Die Städte sind gewachsen, auch in den Bodenschichten.

Wir betreten durch ein einfaches Portal die Kirche und stehen just in jenem Raum, der sich nach Osten erstreckt, im Mittelschiff. Nur links ist es noch nachzuvollziehen: Beim Durchschreiten der gotischen Bögen gelangen wir in ein anderes, das Seitenschiff. Die Wand zwischen beiden ragt steil nach oben. Über den Spitzbögen befindet sich jeweils ein

Fenster zur Belichtung des mittleren Raumes, der Oberlichtgaden. Das Dach der Seitenschiffe setzte demzufolge niedriger an. Das Bauen solch eines Kirchentyps hat einen festen Namen. Die Tafel außen benennt es trocken. DREISCHIFFIGE BASILIKA AUS DEM 13. UND 14. JAHRHUNDERT. Sind nämlich Mittel- und Seitenschiff gleich hoch, so spricht die Fachwelt von der Hallenkirche. Der Innenraum war offensichtlich nicht verputzt, schlicht und einfach und damit nicht weniger ergreifend, aber wenigstens ehrlich. Bei den Zisterziensern vor den Toren der Stadt galt für das gemeine Volk: Betreten verboten. Die Bettelorden hätten sich damit selbst geschadet, denn sie wollten ja gerade auf die Leute einwirken.

Etwas aufwendiger sieht die Gestaltung im Osten der Kirche aus. Wo die Seitenschiffe enden, verjüngt sich der Bau, und nur das Mittelschiff führt weiter. Plötzlich hohe schlanke Fenster. Dann springt aus der Flucht der Wand das Ende leicht heraus. Von einem Zehneck nehmen wir drei Seiten weg und schieben diesen Grundriß hier heran. Polygonaler 7/10-Schluß. Gekonnter siehts schon aus, als die Wand gerade abzuschließen. Dieser östliche Teil erlebte also noch einmal eine bauliche Veränderung, im unteren Teil sogar mehr Plastizität, denn die Wandnischen sind dreigeteilt. Auch die darüber stehenden langen lanzettförmigen Fenster, die bis an die jetzt fehlende Decke reichten. 1945 DURCH ANGLO-AMERIKANISCHE BOMBER ZERSTÖRT. 1951 WURDE DIE RUINE GESICHERT. Kein Kirchenbau, der natürlich zerfiel und schon als Ruine in unser Jahrhundert kam. War nun die Kirche flach mit Holz gedeckt? Im Mittelschiff umschließt ein auf die Wand gelegter Spitzbogen das Oberlichtfenster. Wo dieser mit dem Nachbarn zusammentrifft, setzte einst die durch Rippen geprägte Wölbung an. Ein Kreuzrippengewölbe. Und schließlich läuft eine nicht ganz vollrunde Säule nach unten, genau vom Punkt des Zusammenstoßes der auf die Ziegelwand gebrachten spitzen Bögen, der »Dienst«, der uns die Kraftströme zeigt, die vom Gewölbe herunter wirken. So können auch Ruinenreste vom Ganzen erzählen.

Der ursprüngliche Feldsteinbau wurde demnach abgerissen und durch einen Neubau in Ziegelstein ersetzt. Es war der erste Backsteinbau in dieser Stadt, noch vor dem Umbau der anderen Kirchen, die dem hiesigen Beispiel folgten. Wir haben dem Bettelorden der Franziskaner die Einführung dieses Materials nach Berlin zu verdanken. Da zu solch einem Komplex eben nicht nur die Kirche gehörte, sondern auch die Klostergebäude, lagen diese mit Sicherheit nördlich. Beim Neubau der Kirche blieben an dieser Stelle Feldsteinmauerreste stehen. Also befand sich das eigentliche Kloster auf der heutigen Grünfläche im Norden. Der Straßenverkehrslärm verhindert hier Idylle mit Kaninchen. Kaninchen? Das Kaninchen bin ich. So heißt ein DEFA-Streifen, der schneller verboten wurde, als den Machern lieb war. 1965 nach dem gleichnamigen Buch von Manfred Bieler produziert, verschwanden die 3.237 m Zelluloid sofort im Giftschrank. Warum sollte es dem Film besser gehen als dem Roman? Dieser durfte durch das Veto der Hauptverwaltung Verlage auf dem Buchmarkt gar nicht erscheinen. Erst die Maueröffnung ermöglichte die Uraufführung der Verfilmung von Kurt Maetzig. Am 8. März 1990 erfolgte sie im Kino »International« in Ost-Berlin. Internationaler Frauentag. Und eine Frau stand schließlich auch im Mittelpunkt der Handlung. Maria Morzeck, eine 19jährige Kellnerin, die Slawistik studieren wollte. Ihr Bruder verhindert das allein durch den Fakt, daß er wegen »staatsgefährdender Hetze« ins Gefängnis kam. Ohne es zu wissen, verliebt sich Maria in den Richter ihres Bruders. In diesem Gegenwarts-Film gibt es nun eine Szene vor dem nahe gelegenen Gericht. Die Kamera schwenkt in die Straße nach Norden und erfaßt nur für Augenblicke die Ruinenreste der Klosteranlage, die ebenfalls das Schicksal des fertigen Films erlitt und wenig später verschwand, nur unwiederbringlich. Warum? Wir werden's noch hören, denn das Sehen ist uns schon vergangen.

Das eigentliche Kloster stellte den privaten Bereich des Ordens dar, obwohl es noch einige halböffentliche Räume gab. Die Zelle war auch hier der kleinste Teil des Organismus, in dem die Klosterbüder lebten und arbeiteten.

Die Hohe Schule

So wirkten die Franziskaner bis zur Reformation. Dann wurde das Kloster säkularisiert. Die verbliebenen Mönche erhielten Wohnrecht bis zu ihrem Ableben. Der letzte Bruder namens Peter starb 1571. Das Leben geht bekanntlich weiter und neue Geschichten werden geschrieben. IN DEN NICHT MEHR VORHANDENEN KLOSTERGEBÄUDEN ERRICHTETE THURNEISSER 1571 DIE ERSTE BERLINER DRUCKEREI. Erfand Johannes Gensfleisch zum Gutenberg (1394 oder 1399–1468) den Buchdruck mit beweglichen Lettern nicht schon um 1440 …? Aber Berlin war damals nicht Mainz. Was gut ist, setzt sich durch, auch in der zweiten Reihe. Leonhard Thurneisser (1531–1596) wiederum, ein aus Basel gebürtiger Schweizer, erwarb sich den Ruf eines Wunderheilers. Von welch schwerer Krankheit auch immer, er erweckte die hiesige Kurfürstin zu neuem Leben. Der neue Kurfürst Johann Georg (1525–1598) sicherte sich deshalb 1571 flugs die Dienste des Paracelsusjüngers und bezahlte ihm Salär als Leib- und Hofmedicus. So kam der Arzt und Alchimist in diese Stadt und zog im Franziskanerkloster ein. Doch blieb Kritik an seinen Praktiken nicht aus. Bereits 1579 war er mit seinem Latein und Berlin am Ende. Er verließ das Kloster jedoch nicht verwaist. 1574 GRÜNDUNG DES GYMNASIUMS ZUM GRAUEN KLOSTER, DER BEDEUTENDSTEN BILDUNGSSTÄTTE DES BERLINER BÜRGERTUMS. Eine keineswegs abwegige Nutzung, waren doch die Klöster die Bewahrer des Bildungsgutes und Schrifttums der Vergangenheit. Erinnert sei an Umberto Ecos »Der Name der Rose«. Bildung fand jedoch nicht mehr im Verborgenen statt, sondern in Form einer öffentlichen Einrichtung. Der ab 1571 regierende Kurfürst Johann Georg studierte in Frankfurt/Oder, da die Hohenzollernresidenz Berlin noch keine Uni-

Ein Zentrum des geistigen Berliner Lebens vom Mittelalter bis 1945: das Gymnasium Zum Grauen Kloster. Rechts die Klosterkirche, ganz links die Königliche Kunstschule

versität besaß, ja nicht einmal eine höhere Schule. Dies sollte sich mit der Gründung des Gymnasiums zum Grauen Kloster ändern. Der Klosterkomplex überstand die unterschiedlichsten Zeiten, aber nicht den Zweiten Weltkrieg. Damit verlor auch das Gymnasium seine alte Wirkungsstätte. Hat es dennoch überlebt? In der Gründungsphase des Gymnasiums zum Grauen Kloster war die Mark Brandenburg schon protestantisch. Wenn es die Schule also noch gibt, dann müßte sie nicht unter katholischen, sondern evangelischen Bildungseinrichtungen zu finden sein. Positiv. Berlin-Grunewald, Salzbrunner Straße 41, Evangelisches Gymnasium zum Grauen Kloster. Also hat die Schule im Westteil überlebt. Wo sonst? Im atheistisch ausgerichteten Osten gab es Ausnahmen, diesbezüglich aber nicht. Oder doch? Das Gymnasium lebte in Ost-Berlin bis 1958 fort. Dann wurde es aufgelöst. In West-

Kreuzgewölbe des Gymnasiums

Berlin begann im Gemeindehaus in Tempelhof das Nachkriegskapitel mit der Eröffnung eines Evangelischen Gymnasiums am 10. Oktober 1949, das nach der Auslöschung im Osten seit 1962 »Evangelisches Gymnasium zum Grauen Kloster« heißt. Im Bezirk Wilmersdorf wirkt es noch heute.

Friedrich Nicolai schrieb 1786 in seinem »Wegweiser für Fremde und Einheimische durch Berlin« ein paar Anmerkungen zum Klosterkomplex. Unter anderem *wurde 1574 eine allgemeine Landschule, oder das Berlinische Gymnasium errichtet, und 1767 das Köllnische Gymnasium mit demselben vereiniget.* [2] Es wird nicht immer gleich vom Grauen Kloster gesprochen.

Anschauliche Schilderungen des Gymnasiallebens sind uns durch die »Jugenderinnerungen« von Gustav Partey (1798–1872) überliefert. Seine Mutter († 1803) war übrigens die älteste Tochter von Friedrich Nicolai (1733–1811), und Partey so der Enkel des bekannten Buchhändlers und Schriftstellers. *Im Jahre 1812 verließ ich die Hartungsche Schule und bezog das Gym-*

nasium zum Grauen Kloster in der Klosterstraße. Man hatte eben die Klassen neu getüncht und geweißt. Grostertia, wohin ich versetzt wurde, war ein großes helles Zimmer, in dem man sich recht wohl fühlte. Der Hof, den wir in den Zwischenminuten zum Auf- und Abgehn benutzten, war von ein paar alten Bäumen beschattet, und stieß auf der einen Seite an die Klosterkirche ...

Der Hörsaal selbst machte trotz seiner Größe keinen guten Eindruck ...; er war viel zu niedrig und ohne jeglichen Schmuck. Zwar hingen an den Wänden einige Oelgemälde von Oeser und anderen Meistern des vorigen Jahrhunderts, allein so oft und so lange ich sie auch während meiner Gymnasialzeit angesehn, so hat es mir doch nicht gelingen wollen, ihnen Geschmack abzugewinnen. [3]

Die Geschichte der Absolventen aus der Klosterstraße ist lang. Die der berühmtesten nicht minder. Es kamen jedoch nicht nur Berliner in den Genuß der Schule. Das Junkertum in der Mark sah zum Beispiel wenig Grund, die eigenen Kinder in die Dorfschulen zu stecken, nicht nur wegen des Bildungsniveaus und dem Zustand der meisten Schulgebäude, sondern auch, um von vornherein die Kontakte mit den Gleichaltrigen abzubrechen. Stadtverschickung nach Berlin. So kam auch der kleine Otto von Bismarck (1815–1898) 1821 in die Residenzstadt, seinen Erinnerungen zufolge in eine strenge Erziehungsanstalt. Es war die des Pädagogen Johann Ernst Plamann, der in der heutigen Stresemannstraße die Zöglinge bis zur Tertia-Reife des Gymnasiums nach Pestalozzis Methoden unterrichtete. Im Herbst 1827 wechselte Bismarck aufs Friedrich-Wilhelm-Gymnasium in der Friedrichstraße und gleichzeitig von der Erziehungskaserne in eine Stadtwohnung der Eltern. Nach dem Tod des Onkels im April 1830 wurde die Wohnung in der Behrenstraße aufgegeben. Er wohnte dann zur Untermiete und ging fortan auf das Gymnasium zum Grauen Kloster. Das Niveau der Schule war hoch, wenn auch nicht jedes Fach seinen geneigten Zuspruch hatte, wie Geschichte, Geographie und Mathematik. Erstere hat er schließlich noch reichlich geschrieben, die politische Geographie Europas beherrscht und manch diplomatisches Ränkespiel gut durchgerechnet. Dafür war Bismarck auf dem Gymnasium erfolgreicher im Sprechen und Schreiben von Latein, wodurch er später – seine Bildung ausreizend – manch Rede mit entsprechenden Sentenzen zu würzen verstand. Aber er betrieb auch *die französische und englische Sprache mit besonderem Erfolg*, was ihm im politischen Alltag bestens zugute kam. Nicht zu vergessen beschied man ihm im Deutschen *eine sehr erfreuliche Gewandtheit*. Wenn er im Abitur dem Notendurchschnitt nach auch nur der fünfzehnte von achtzehn Schülern war, so ging dennoch ein *fähiger und wohlvorbereiteter Jüngling* zum Studium nach Göttingen. *Als normales Produkt unsres staatlichen Unterrichts verließ ich 1832 die Schule als Pantheist, und wenn nicht als Republikaner, doch mit der Überzeugung, daß die Republik die vernünftigste Staatsform sei …* [4] Eine solche zu schaffen, ist ihm nicht geglückt. Er hat dafür dem Deutschen Reich gewieft zur Einigung verholfen und Berlin zu dessen Hauptstadt. Der Umbau der Residenz war deren nicht unwesentliche Folge. Das Klosterviertel blieb davon keineswegs unberührt.

Den jungen Karl Friedrich (1781–1840) verschlug es mit seiner Mutter, der Witwe Schinkel, aus einem ganz anderen Grund nach Berlin. *Sein Vater war Superintendent in Ruppin und starb infolge der Anstrengungen, die er während des großen Feuers, das im Jahre 1787 die ganze Stadt verzehrte, durchzumachen hatte. Auch die Superintendentenwohnung war in Asche gelegt, so daß von dem Hause, darin Schinkel geboren wurde, nichts mehr existiert … In seinem vierzehnten Jahre zog seine Mutter nach Berlin, und Schinkel kam nur noch besuchsweise nach Ruppin … Das Berliner Leben unterschied sich zunächst wenig von den Tagen in Ruppin. Hier wie dort eine Wohnung im Predigerwitwenhaus, hier wie dort Besuch des Gymnasiums. Auch auf der Berliner Schule, dem Grauen Kloster, ging es nicht glänzend mit dem Lernen, die Kunst hatte ihn bereits in ihrem Bann.* [5] So schrieb Theodor Fontane (1819–1898), dessen Vater übrigens drei Jahre das Gymnasium besucht hatte, in seinen »Wanderungen durch die Mark Brandenburg – Die Grafschaft Ruppin« in einem eigens Schinkel gewidmeten Kapitel. Die Berliner Wohnadresse lautete somit Papenstraße 10. Sie ging von der Klosterstraße nach Westen ab, später in der Kaiser-Wilhelm-Straße auf und in der Karl-Liebknecht-Straße unter. Wir sehen so seit Ostern 1794 Karl Friedrich zur nahe gelegenen Schule laufen. *Es war im Jahre 1797 auf der damals stattfindenden Ausstellung, daß ein großartiger Entwurf eines Denkmals für Friedrich den Großen den tiefsten Eindruck auf ihn machte und ihn empfinden ließ, wohin er selbst gehöre. Er verließ die Schule (1798), ward in das Haus und die Werkstatt beider Gillys, Vater und Sohn, eingeführt und begann seine Arbeiten unter der Leitung dieser beiden ausgezeichneten Architekten.* [5] Er sollte bald selber einer werden, denn die Osterprogrammschrift nennt einen im Winterhalbjahr abgehenden Schinkel, *der sich der Baukunst gewidmet* habe. Der Klosterkirche widmete sich der zukünftige Stararchitekt Brandenburg-Preußens nur, als er den Auftrag erhält, Ausbaupläne für die Kirche zu liefern, die aber nicht zur Ausführung kommen. Eine Folge vom Brand der Petrikirche, um diese Gemeinde zu versorgen. Die Klosterkirche litt nachfolgend auch ohne Schinkel unter einem Desinteresse an Unterhaltung.

Einen weniger bekannten Landsmann von ihm, der um 1615 in Ruppin oder einem Dorf in der Nähe geboren wurde, beschreibt ebenfalls Fontane. *Andreas Fromm, nachdem er die lateinische Schule in Ruppin und Perleberg, schließlich das »Graue Kloster« in Berlin besucht hatte, studierte Theologie in Frankfurt und Wittenberg … und sah sich 1651 plötzlich und ohne vorgängige Schritte seinerseits von Berlin aus als Propst an die Petri-Kirche berufen. Er nahm auch an.* So lernte auch Fromm, *nicht der gekannteste, aber höchstwahrscheinlich der gelehrteste Mann, den die Ruppiner Lande hervorgebracht haben* [5], an dem ältesten und ersten Gymnasium nicht nur in Berlin, sondern der ganzen Mark. Wie Fontane vermerkt, verließ er am 20. Juli 1666 heimlich Berlin, zerrieben durch die Teilnahme an den theologischen Streitigkeiten der Paul-Gerhardt-Zeit. Da stand die alte Petri-Kirche, die 1809 in Flammen aufging, auf Cöllner Seite noch. Der Gemeinde konnte nach dem Brand die Klosterkirche angeboten werden, Filialkirche von St. Nikolai und dienlich für die Gottesdienste des Gymnasiums. Nicht jede Kirche muß erst abbrennen, um in einen leidlichen Zustand zu geraten. So forderte 1826 der Direktor des Gymnasiums, Bellermann, sogar schon eine Kollekte für die Reparatur der Klosterkirche. Die Mahner verstummen nicht. Und von 1838–44 wurde der Kirchbau endlich saniert. Einem der großen Restauratoren seiner Zeit, Ferdinand von Quast, übertrug man die Bauleitung. Er entdeckte und analysierte die mittelalterliche Farbfassung. Jedoch war er ein entschiedener Gegner von Zutaten. Sein Denkmalpflegeherz schlug nämlich für die ursprüngliche Wiederherstellung der Baugestalt. Und deshalb zog er sich nur allzu konsequent zurück, so daß die Turmfront nach einem Entwurf Bergers entstand, was zeitgenössisch, aber falsch war. Schließlich verschwand die alte Mauer vor der Kirche und wich einer Bogenhalle, die als angemessener Raum zwischen Straße und Kirche ein »Atrium« nach altchristlichem Vorbild ausbildete. Die Zeit Friedrich Wilhelms IV. hatte ein Faible dafür. Die Westfassade ist erst um 1930 von den Turmaufbauten befreit worden. Ein anschauliches Beispiel, wie auch ein Kirchbau den Architekturmoden der Zeiten unterliegt.

Das Hohe Haus am Rande der Stadt

Kehren wir noch einmal zur mittelalterlichen Mauer zurück. Eine metallene Hinweistafel bringt uns die Fakten näher. Der Respekt vor der Höhe der Anlage stellt sich nicht mehr ein. Was wir von der Mauer sehen, ist ja bei weitem nicht alles. Gedanklich sei ein Spaten empfohlen, mit dem bis auf Tiefe des Bodenniveaus der Klosterkirche gegraben wird. Oder holen wir doch gleich mit unserer Vorstellungskraft den im Erdreich verborgenen Rest nach oben. In ganzer Größe erscheint klarer, wen die Stadtmauer abzuwehren vermochte.

Das Hohe Haus, verbaut im Königlichen Lagerhaus, ursprünglich Sitz der Markgrafen und Kurfürsten von Brandenburg

Als sich die Doppelstadt Berlin und Cölln im späten 12. Jahrhundert zu entwickeln begann, wurden zunächst die natürlichen Gegebenheiten ausgenutzt. Alt-Cölln lag eh auf einer Insel und Berlin nicht minder, da auf dieser Seite ein kleinerer Wasserlauf die werdende Stadt umschloß. Sumpfig war das Gelände allemal. So reichten Lattenzaun und Wall zunächst aus. Doch die Siedlung wuchs sich aus zur Stadt, und diesen Rang galt es zu zeigen. Die Stadtmauer machte das sichtbar, egal wieviel wirklichen Schutz sie zu bieten vermochte. Sie verdeutlichte vor allem den besonderen Rechtsstatus solch eines eingeschlossenen Siedlungsgebietes. Nach der gemeinsamen Anstrengung der Bewohner, eine Kirche zu bauen, stellte die Aufrichtung einer steinernen Stadtumwehrung die zweite große Gemeinschaftsaufgabe dar. Jedem Einwohner, ob Bürger oder nicht, war daran gelegen. Sie hielt Fremde davon ab, ungehindert das städtische Territorium zu betreten und Feinde auf, doch nicht durch ihr Dasein allein. In Berlin fehlen bei dem spärlichen Rest Stadtmauer die einzelnen Verteidigungspunkte, Wehrgänge und Türme, von denen die Abwehr erfolgte. Wie auch der Gegner heißen mochte, denn es konnte ebensogut der Landesfürst sein. In Berlin gibt es ja nachweislich erst seit den Hohenzollern einen mächtigen herrschaftlichen Sitz, der sich von einer Burg bis zum barocken Stadtschloß entwickelte. Und vorher? Nach der Auflösung der Nordmark im 12. Jahrhundert, einer Grenzmark des damaligen Deutschen Reiches, entstand aus einem ihrer Teilgebiete die Mark Brandenburg. Zentraler Mittelpunkt war der gleichnamige Ort, nach dem sich die Landesherren nannten. Von dort aus ist an einer günstigen Furt über die Spree und einem wichtigen strategischen Punkt die Doppelstadt Berlin und Cölln auf den Weg gebracht worden. Mit dem Wohlwollen und der Unterstützung der Territorialherren. Diese hatten alsbald in Berlin eine Art städtische Pfalz. Aber nicht am Standort des späteren Stadtschlosses.

In der Klosterkirche hing einst über dem Gestühl des Chorraumes eine Inschrift. *Im Jahre 1271 haben die erlauchten Fürsten und Herren Otto und Albrecht, Markgraf von Brandenburg, aus besonderer Verehrung des Ordens den Platz, auf welchem dieses Kloster erbaut ist, den Ordensbrüdern zu ewigem Besitz gnädigst übergeben. Nachher hat im Jahre 1290 der wackere Ritter, Herr Jacob von Nebede, den hiesigen Ordensbrüdern die Ziegelscheune zwischen Tempelhof und Berlin geschenkt. Und so sind der gedachte Ritter und die genannten Fürsten die Stifter des Klosters.* Im Dunkel der Vergangenheit bleibt die Glaubwürdigkeit des Textes aus der Zeit um 1500. Die beiden Markgrafen verfügten demzufolge über städtisches Territorium. Nur nicht im Zentrum der Stadt, denn das blieb Hoheitsgebiet des Stadtbürgertums, sondern am Rande. Wenn die Landesherren hier an der Spree zunächst vor allem strategische Zwecke verfolgten, warum nicht auch später in der sich entwickelnden Stadt? Und so folgte die Berliner Dépendance diesem Ziel. Den Spreeübergang in Richtung Osten zu kontrollieren, bestimmte die wohlüberlegten Planungen. Am Ende der heutigen Rathausstraße vor dem Alexanderplatz lag solch ein

Beim Abriß 1931 kamen diese spitzbogigen Fenster des Hohen Hauses zum Vorschein

Punkt. Es war der Weg nach Oderberg, was sich auch im ursprünglichen Namen der Straße und des Stadttores ausdrückte. In der mittelalterlichen Befestigung gab es dort die am stärksten gesicherte Toranlage. Und genau in diesem Bereich befand sich der Stadtsitz der Landesherren. Da die urkundlichen Überlieferungen der Stadt in ihrer Frühzeit sehr spärlich sind, gibt es erst in einer Quelle von 1261 einen Hinweis auf diesen Wohnsitz. Die Rede ist von einer »aula Berlin«. Wer erinnert sich da nicht an den größten Veranstaltungsraum im Altbau seiner Schule. Das Wort hatte noch eine andere Bedeutung, denn es bezeichnete in der Kaiserzeit Roms auch einen Palast. Also den Stadtpalast der Markgrafen in Berlin, später auch »Hohes Haus« genannt. Daß es sich dabei um keinen Fachwerkbau handelte, versteht sich von selbst. Der Regent baute in Stein.

Wo befand sich nun jene »aula Berlin«? In derartig veränderten Stadträumen fällt eine Verortung besonders schwer. Wir gehen zur Kloster- und von dort zur großspurigen Grunerstraße. Wer sie schnell und heil überquert hat, komme auf dem Parkstreifen zu stehen und drehe sich nach rechts, mit Blick zur Stadtbahn. Hier mögen einst auch viele Pennäler des nahen Gymnasiums Zum Grauen Kloster gestanden haben, als das alte Königliche Lagerhaus 1931 abgerissen wurde. Der Warenhauskonzern Wertheim wollte nämlich seinen Komplex erweitern und riß als neuer Eigentümer kurzerhand die alte Bebauung ab. Und da kam doch plötzlich ein Rest von spitzbogigen Fenstern zum Vorschein, die eindeutig zu jenem »Hohen Haus« gehörten, das die Landesherren errichtet hatten. Sie hielten sich in der Stadt nur zu besonderen Anlässen auf und erbauten für diese Zwecke ein stattliches und auch sicheres Gebäude. In unmittelbarer Nachbarschaft gewährte dadurch die Gunst der Landesfürsten den Franziskanern das Bauland. Damit mutierte der Sakralbau auch kurzzeitig zu einer Art »Hofkirche« und Grablege. So verstehen wir noch besser, was der Parochialkirch-Prediger Ziethe 1886 schrieb und zitierte. *Ein neuerer Schriftsteller, der die berühmten und berüchtigten Häuser unserer Hauptstadt geschildert hat, sagt mit Recht: »Die Klosterstraße verdient vor allen übrigen Straßen Berlins den Blick des sinnigen Beschauers auf sich zu ziehen, denn sie ist in der That eine der merkwürdigsten unserer Residenz. Hier ist klassischer Grund und Boden. Sie ist selbst nicht nur ein Stück Berlinische, sondern auch Brandenburgische, ja Preußische Geschichte. Hier steht in Wahrheit der Grundstein des Hohenzollernschen Hauses.«* [1]

Die Geschichte der Mark Brandenburg nahm seit 1411 einen neuen Verlauf. Der Burggraf Friedrich VI. von Nürnberg aus dem Hause Hohenzollern wird der neue Landesherr; 1415 erhält er die Markgrafen- und Kurfürstenwürde. Er zieht als Friedrich I. am 18. Oktober in die Stadt Berlin und in jenes fürstliche Haus. Erst unter Kurfürst Friedrich II. entstand auf Cöllner Seite eine Zwingburg für die Doppelstadt, aus der sich das unbefestigte Stadtschloß entwickelte. Wir erinnern uns nun dankenswerterweise der großen Kapitelle nördlich der Klosterkirche. Woher die wohl stammen? Es müßte ein besonderer, die Stadt beherrschender Bau gewesen sein. Doch nicht etwa ...? Doch! Das Stadtschloß. Nur stand das woanders. Die Kapitellteile sind nämlich Fragmente der repräsentativen Schloßportale. Die Ruine der Klosterkirche erfuhr Anfang der 80er Jahre eine Umgestaltung. Die Anlage bekam Gitter, wurde in den Sommermonaten seit 1983 Ausstellungsort für Fotoausstellungen zur Geschichte und Gegenwart Berlins. Die magazinierten Schloßteile kamen erst dadurch hierher. Soll uns nun der Zusammenhang zwischen den Landesherren und dem Bauplatz der Franziskaner aufgehen? Oder doch nicht gar, daß das Schloß auch nur noch Ruine war, bevor es die DDR-Regierung abräumen ließ?

Das Grundstück mit dem Hohen Haus wurde als Lehen vergeben. Später fiel es an den Herrscher zurück. Unter dem Großen Kurfürsten durfte es der Gouverneur als Wohnung benutzen. *Unter König Friedrich I. ward hier 1705 eine Ritterakademie angelegt, die aber schon 1712 in Schulden und äußeren Verfall gerathen war. Daher ward dieses Gebäude 1713 dem damaligen Geheimrathe (nachherigen Staatsminister) von Kraut gegeben, welcher darin auf seine Kosten ein Lagerhaus von Wolle errichtete, woraus den Tuch- und Zeugmachern die Wolle geliefert, und die von ihnen verfertigten Tücher und Zeuge abgenommen werden sollten. Diese vortreffliche Anstalt ist der Grund der nachher so ungemein vermehrten Wollmanufakturen in der Kurmark.* [2] So beschrieb es Friedrich Nicolai 1786. Johann Andreas von Kraut (1661–1723) revitalisierte die preußische Textilindustrie und machte sich als Handels- und Gewerbeminister einen Namen. In der Nikolaikirche kann man in der Grabkapelle seiner gedenken.

Prediger Ziethe fügte übrigens 100 Jahre nach Nicolai zum Hohen Haus noch folgendes hinzu: *Jetzt dient es verschiedenen Zwecken der Verwaltung. Es birgt in seinen Räumen ein Archiv, ein Museum und verschiedene Kassen. Sein alter Glanz ist zugleich mit seinem Namen geschwunden. Aber die vaterländische Geschichte umklingt noch immer seine Mauern.* [1] Heute pfeift einem der Wind um die Ohren. Der Lärm der Straße erschwert die Vorstellungskraft. Wer will, kann sich noch weiteren Geschichtswind um die Nase wehen lassen. Christian Daniel Friedrich Rauch (1777–1857), der neue Stern am Berliner Bildhauerhimmel zu Beginn des 19. Jahrhunderts, hatte hier sein Atelier. Wir sehen ihn an den Feldherrendenkmälern arbeiten, die damals an und gegenüber der Neuen Wache aufgestellt wurden, aber auch am Reiterdenkmal für Friedrich II., das unweit Unter den Linden seine Aufstellung fand. Nach seinem Tod entschlossen sich tatkräftige Männer, aus der großen Bildhauerwerkstatt ein Personalmuseum für den vielgeehrten Künstler zu machen, wie es seinen ebenbürtigen Zeitgenossen Canova und Thorvaldsen schon widerfahren war. Unter der Leitung des Rauch-Schülers Hugo Hagen (1818–1871) konnte es als staatliche Gründung schließlich 1865 feierlich eröffnet werden. Durch den Verkauf des Königlichen Lagerhauses nach dem Ersten Weltkrieg wurde der Bestand ausgelagert und hat zu Teilen den Zweiten Weltkrieg überlebt.

Dies war der Königlichen Kunstschule in der unmittelbaren Nachbarschaft nicht beschieden, die sich direkt an den Klosterkomplex anschloß. Wenn sie noch vorhanden wäre, stände sie direkt auf der Fahrbahn.

Die einst mit der Akademie der Künste verbundene Kunst- und Gewerbeschule verschmolz mit der Allgemeinen Zeichenschule zur Königlichen Kunstschule. Sie sollte demjenigen als eine Art Vorschule dienen, der für eine weitere Ausbildung an die Unterrichtsanstalt des Kunstgewerbe-Museums wechselte, ferner eine gründliche Vorbereitung auf die Kunst-Akademien ermöglichen, zugleich auch Zeichenlehrer ausbilden helfen. Hier ging es wohl ausschließlich um eine Grundausbildung, die im Zeichnen von Architekturteilen, Gipsabgüssen aller Art, lebenden Modellen und Köpfen, der Unterweisung in die Belange der Anatomie, Proportion und Perspektive, sowie einer Vermittlung von Grundkenntnissen der Kunstgeschichte und Methodik des Zeichenunterrichts bestand. Sie existierte in Form einer Tages- und Abendschule, die sich durch einen zwei- bzw. einjährigen Kurs unterschieden. Seit 1869 war Martin Gropius (1824–1880) Direktor dieser zum Teil durch ihn neu organisierten Einrichtung, zugleich auch oberster Leiter der preußischen Kunstschulen. Wer denkt bei diesem Mann nicht an den gleichnamigen Bau, der nach seiner Wiederherstellung seit 1981 ihm zu Ehren seinen Namen trägt. Zusammen mit Heino Schmieden projektierte Gropius das 1877–81 errichtete und als Kunstgewerbemuseum genutzte Gebäude. Von dieser Art, nicht ganz so groß und ganz so prächtig, war einst auch die hiesige Kunstschule. Jedoch stand sie als Baukörper nicht frei, sondern als Eckhaus. Von 1878–80 fast zeitgleich gebaut, bestand auch sie aus dem Verblendmaterial von Laubaner Ziegeln. Die Steinsichtigkeit wurde der Verputzung vorgezogen.

Erinnert sei schließlich noch an jene Künstlergemeinschaft, die hier von 1933 bis zum Ende des Weltkrieges arbeitete. Diese fast schon legendäre Ateliergemeinschaft Klosterstraße, die den »Vereinigten Staatsschulen für freie und angewandte Kunst« unterstand, setzte sich aus vielen Bildhauern, Malern und Graphikern zusammen, die trotz des zunehmenden nationalsozialistischen Kunstdiktats weiterarbeiten wollten.

Das ehemalige Gebäude der Kunstgewerbeschule in der Prinz-Albrecht-Straße mußte 1933 für die Gestapo geräumt werden, die Künstler suchten neue Räume. Das taten sie auch schon Jahre zuvor, als am 1. Oktober 1924 eben jene »Vereinigten Staatsschulen« gebildet wurden und Künstler

Diesen Blick hatte man kurz vor der Jahrhundertwende vom Turm des Roten Rathauses: v.l.n.r.: Hohes Haus, Königliche Kunstschule, Gymnasium zum Grauen Kloster, Klosterkirche, dahinter Bauplatz Gericht, ehem. Kadettenanstalt, darüber Stadtbahn und Polizeipräsidium

mit abgeschlossenem Studium ihre Arbeitsräume in der Hochschule der bildenden Künste räumen mußten. Günther Martin war auch damals schon der Wortführer der Betroffenen, wie 1933, als er zum einen erreichte, daß diese Leute Ateliers in der ehemaligen Kunstschule in der Klosterstraße bekamen, zum anderen der Umzug vom Ministerium für Wissenschaft, Erziehung und Volksbildung mit 17.000 RM gesponsort wurde. Der Einzug der ersten Künstler, die jene Ateliergemeinschaft bildeten, erfolgte noch im Herbst 1933. Voraussetzung war jedoch die Mitgliedschaft in der Reichskammer der bildenen Künste. Der Graphiker Herbert Tucholski (1896–1984) erinnerte sich an *10% gefährliche Nazis*, ansonsten war die *Mehrzahl Treibholz*, aber es gab ebenso *10% Antifaschisten*.

Auch eine Käthe Kollwitz (1867–1945) findet ab Herbst 1934 in ihr Unterschlupf. Die aus der Akademie der Künste im Februar 1933 ausgetretene und aus ihrem dortigen Atelier ausgewiesene Bildhauerin hat hier bis zur Aufgabe im Herbst 1940 ihr letztes Berliner Arbeitsdomizil. Die Gruppe »Mutter mit Zwillingen«, an der sie seit 1927 arbeitet, kann 1937 durch Geldleihe des Malers Leo von König (1871–1944), der die Kollwitz 1941 porträtiert, im Atelierhaus in Kalkstein gearbeitet werden. Diese Ausführung ist im Mai 1950 im Auftrage des »Demokratischen Magistrats« auf der von der Ruine des Hauses befreiten Ecke Kollwitz-/Knaackstraße, wo die Künstlerin einst wohnte, im Zusammenhang mit dem »Deutschlandtreffen der Jugend« aufgestellt worden. Heute ziert ein Neubau den Ort. Die Steinarbeit steht jetzt auf dem Gelände der Stadtbezirksverwaltung Prenzlauer Berg.

Eine Ausstellung anläßlich ihres 70. Geburtstages in der Galerie Nierendorf wird im Februar 1937 verboten. Die Kollwitz weicht auf das eigene Atelier in der Klosterstraße aus. Durch das Gesetz über die »Einziehung von Erzeugnissen entarteteter Kunst« werden nach dem 31. Mai 1938 etliche Arbeiten der hier wirkenden Künstler beschlagnahmt. Wieder trifft es die Kollwitz. 31 ihrer Arbeiten werden »eingezogen«, bei Gerhard Marcks (1889–1981) sind es insgesamt 86. Der aus dem Lehramt an der Kunstgewerbeschule Burg Giebichenstein in Halle/Saale bereits 1933 entlassene Bildhauer hat durch seine Kontakte zur Ateliergemeinschaft in der Werkstatt von Ludwig Kasper (1893–1945), einem der Erstbezieher in der Klosterstraße, weiterarbeiten können. Mit dem Weltkrieg müssen zunächst die jüngeren Künstler zum Militär, später auch die gestandenen. Der für die Rahmenbedingungen so wichtige und zwielichtig erscheinende Obmann Günther Martin stirbt im Juli 1944 in einem Lazarett. Bei einem Bombenangriff im Mai 1944 wird das Gebäude schwer getroffen, viele Künstlerarbeiten sind zerstört. Am stärksten betroffen ist Hermann Teubers Werk, das fast vollständig vernichtet wird. Das Atelierhaus erleidet dieses Schicksal im Februar 1945.

Schon gegen Ende der DDR hatten sich engagierte Leute jener Künstler erinnert und in einer Ausstellung in der Galerie Mitte gezeigt. Diese nach 1933 entstandenen künstlerischen Arbeiten gehörten zu einer Kunst ohne öffentliche Resonanz, die es auch in der DDR zuhauf gab. Sollten etwa die Plastiken an der Kirchenruine einen Bogen zu alldem schlagen? Solch eine umgenutzte Anlage mit Kunstwerken anzureichern, war ja eine bewährte DDR-Praxis. Seit 1987 nutzten übrigens auch Bildhauer die Ruine zu Ausstellungen. Oft beziehungslos zum Gebäude und der Geschichte des Ortes plaziert, scheint das bei den drei an der Klosterkiche aufgestellten Bronzeplastiken nicht der Fall zu sein. Fritz Cremers »Christus steigt vom Kreuz« und die kaum wahrzunehmende Pietà an der Nordseite sind augenscheinlich mit Bedacht ausgewählt. Eine Arbeit von Theo Balden steht auf dem Rasen an der Südseite der Kirche am Wegesrand. Die Figurengruppe zeigt eine Mutter, die einen Umhang schützend über ihr Kind hält. Der zierliche Knabe steht still verdeckt. Im Gesicht gezeichnet, ist ihr Kopf jäh nach oben gerissen. Sie schaut besorgt gen Himmel. Eine Stele, viel später gesetzt, steht unweit der Plastik. Der Begleittext eröffnet dem Betrachter plötzlich eine andere Dimension. *Zur mahnenden Erinnerung an die Katastrophe von Tschernobyl am 26. IV.1986 gestiftet vom Grünen Netzwerk »Arche« – Entwurf und Ausführung Jürgen Strand – Einweihung am 04.III.1990 – Gedenktafel zum 10. Jahrestag enthüllt.* Die heutige nicht sichtbare Bedrohung. Da schützt auch kein Mantel. Diesen legte der Osten schweigend über jenes Ereignis. Bildmedien und Presse informierten nur oberflächlich. Christa Wolfs literarische Bearbeitung »Störfall« ist ein Resultat davon. Vielleicht steht die Stele deshalb hier, im Osten Berlins. Doch wer weiß schon von ihr?

Wedekind in der Klosterstraße *Weil seine schwarze Dichtung vom Leben eingeholt wurde, ist Wedekind künstlerisch wie intellektuell als überholt zu betrachten; im Vergleich mit der ihr nachfolgenden brutalen Realität erscheint sie eher romantisch ... Im fortschrittlicheren Teil Berlins ist Wedekind bereits ein Naiver. In der Klosterstraße dagegen findet er Interesse. Er findet es, weil das Volk sich seiner selbst immer zuletzt gewahr wird.* [6] Ein junger Italiener, Anfang Dreißig, der zwischen 1928 und 1932 in dieser krisengeschüttelten Stadt lebte, schrieb Feuilletons über Berlin, die allesamt in Gazetten jenseits der Alpen abgedruckt wurden. So auch dieses. Zu jener Zeit weilte der Dramatiker Frank Wedekind (1864–1918) längst nicht mehr unter den Lebenden. Er, der einige Zeit in Berlin verbracht und sogar im Deutschen Theater unter Max Reinhardt gespielt hatte, zählte neben Gerhart Hauptmann zu den wichtigsten Stückeschreibern der Jahrhundertwende. *Wäre es in Italien oder auch in Frankreich und in diesem Falle selbst in England denkbar, daß ein fünftklassiges Theaterchen in einem kleinbürgerlichen Viertel Wedekind aufführt? Ein Publikum, das sich aus den Familienangehörigen von Metzgern, Bäckern, Kurzwarenhändlern und Handlungsgehilfen zusammensetzt, würde in keinem anderen Land der Welt die linke Poesie eines solchen Bühnendichters schlukken: es würde gähnen oder lachen oder heftig protestieren. Im Theater in der Klosterstraße nun, in einem elenden Loch, in das man den Fuß mit einem gewissen Zögern setzt, spielt man seit* *ungefähr drei Jahren »Die Büchse der Pandora« ... Daß nicht etwa Mörder, Diebe, Dirnen und ihresgleichen im Theater waren, kann ich nicht beschwören. Wie dem auch sei, wenn sie da waren, benahmen sie sich bestens, aufmerksam und respektvoll; ihnen entging nicht eine Silbe dessen, was die Schauspieler sagten; sie mucksten nicht angesichts einiger szenischer Unzulänglichkeiten, die der Enge der Bühne und der primitiven Inszenierung zuzuschreiben waren; sie entrüsteten sich nicht über heikle Stellen des Dramas, aber genausowenig äußerten sie auch Begeisterung oder zeigten sich von zwiespältigen Gefühlen erregt. Sie hatten eher einen Gesichtsausdruck, mit dem beispielsweise ein Hörsaal voller Laien einer Anatomievorlesung folgen könnte. Da waren brave Mütter mit ihren Töchtern im Festtagskleid, junge Männer mit ihren Verlobten, ernste und nachdenkliche Familienväter. In den Pausen aß man keine Schinkenbrötchen wie in den eleganten Theatern des Westens ... Das Publikum hier besprach sich leise, im respektvollen Tone derer, die beindruckt sind, sich bilden wollen und Aufklärung erhoffen.* [6] Ein Theater in der Klosterstraße? Es befand sich sogar in jenem Teil, der heute noch vorhanden ist. In den Adreßbüchern der Zeit taugt das »fünftklassige Theaterchen« natürlich nicht für die gleichnamige Rubrik. Jedoch wird 1926 ein »Theater in der Klosterstraße 43 Betr. Ges. mbH, Direktor R. Pink« geführt, ein Jahr zuvor gar eine »Goethe Bühne«. Heutzutage ist an einem Neubau lediglich die Nummer 44 auszumachen. Es war einmal irgendwo hier. Der Eigentümer des Hauses Nr. 43 läßt wiederum aufmerken: Konsistorium der französisch-reformierten Gemeinde. Auf dem Hof des Grundstücks lag deren Kirche, die am 11. August 1726 geweiht wurde. Sie war der erste Sakralbau für französische Emigranten im eigentlichen Berlin. Der heutige sogenannte »Französische Dom«, damals nur eine bescheidene Kirche, lag schließlich in der Friedrichstadt. Der auf dem rückwärtigen Gelände errichtete Bau hätte in seiner Schlichtheit und Prunklosigkeit auch von den Franziskanern stammen können. Innen ausschließlich weiß getüncht und, wie in Schriften vermerkt, ohne Bildwerke jedweder Art, galt alle Aufmerksamkeit dem gesprochenen Wort. Bis 1923 in gottesdienstlicher Form. Dann wurde verpachtet. An das wortgewaltige Theater. So abwegig, wie es uns erscheint, war dies nicht. Erinnert sei nur an das Krippenspiel zur Weihnachtszeit. Doch Wedekind eignet sich schlecht zu solcherlei Kirchenspiel, zumal durch sein hier gespieltes Stück »Die Büchse der Pandora«, aus der das Unheil über die Menschen geschüttet wurde. Nicht auf Befehl des Zeus, sondern durch das unheilvolle Wirken des »Gröfaz« Hitler kam die Zerstörung über den Ort. Bevor dies geschah, nahm die Kirche eine neue »Gemeinde« auf, die sich dem Film verschrieb. In den Sakralraum zog 1936 ein Kino, das Kultur-Filmtheater »Haus der Länder«. Hundert Jahre zuvor wurde in der Kirche noch Fontane – er wohnte übrigens 1844/45 ganz in der Nähe, als er seinen Militärdienst in der Kaserne Neue Friedrichstraße leistete – konfirmiert und am 16. Oktober 1850 mit seiner Jugendgefährtin Emilie Rouanet-Kummer getraut. Das vor Augen, bietet sich hier und heute wahrlich ein Trauerspiel.

»Kunstasyl – Das Heim der hungrigen Künstler«, so betitelte seinen Text ein anderer Feuilletonist, der schon 1920 nach Berlin gekommen war. Im Jahr darauf schrieb Joseph Roth von dieser sonderbaren Einrichtung in der »Neuen Berliner Zeitung« vom 7. Januar. *Vorgestern abend war ich dort. Die Untergrundbahnstation Klosterstraße drückte sich schüchtern in die Ecke, die Straßen waren schwach erleuchtet. Von der Parochialkirche mit dem unwahrscheinlich wunderbaren Glockenspiel löste sich Klang um Klang los. Irgendwie bekam die Trostlosigkeit dieser Gegend Physiognomie, unberlinische, die Straßenbahn, die die Stralauer Straße entlang daherflitzte, war wie eine anachronistische Großstadtvision.*

Frau Hyan hatte ein paar Leute von der Presse eingeladen, geeichte Posauner öffentlicher Einrichtungen, und ein paar Zuhörer. Dieses Publikum bestand aus Neugierigen, nicht Beflissenen. Sie waren skeptisch, nicht enthusiastisch. Vielleicht lockte es sie, die Erfolge einer Kühnheit zu sehen und eines Glaubens an die Güte

Die Klosterstraße 1934, rechts das zweite Haus Nr. 62 (Kunstasyl)

der besitzenden Menschheit. Beides hätte Käte Hyan. Das Geld für die Januarmiete und für die Stühle hat sie noch immer nicht. Bekam sie offensichtlich auch nicht. Denn im Einwohnerverzeichnis Berlins gibt es eine »Hyan, Käthe Kunst-Asyl, Klosterstraße 62«, nur für das Jahr 1921, weder davor noch danach, auch nicht in einem anderen Winkel der Großstadt. *Maler kamen und Bildhauer und Dichter, brachten ihre Werke, aus dem Laden wurde ein kleines Museum, und Käte Hyan mietete noch die rückwärts gelegene Wohnung dazu. Der Hauswirt sträub-*

te sich gegen Kunstasyl. Hauswirten ist Asyl ein fremder Begriff. Vielleicht aber rührte Käte Hyan just an jener Stelle seines Inneren, wo nach Lesebuchbegriffen das Gewissen der Menschen sitzt. Die Wohnung bestand aus zwei Zimmern und einer Küche. Aus der Küche wurde ein Bühnengarderobenraum. Der Herd ist noch da, und aus einem Zimmer wurde eine Bühne, nachdem eine Wand durchbrochen worden war. [7] Käte Hyans großer Durchbruch mit dem Kunstasyl blieb aus. Der Hauswirte waren übrigens derer Drei. Gebrüder Tietz. Von ihnen ist der Geschäftshauskomplex Klosterstraße 64 erhalten geblieben. Das kleine dreigeschossige Gebäude Nr. 62 wurde Opfer des Krieges, die Gebrüder Tietz schon zuvor ein Opfer des Nationalsozialismus. Über sie wird noch zu reden sein.

Podewil

Steht man vor jenem Palais mit dem wohlklingenden Wort, scheint alles zu stimmen. Das Haus paßt zum Namen, der Name zum Haus. Nirgends ein Widerspruch. Doch was sagt er aus? Wer oder was ist Podewil? Im Vestibül links der Pförtner, in der Regel 'ne Frau. Rechts unendlich viel Werbung für die Kultur dieser Stadt. Das Angebot des Hauses ist nicht minder breit. Podewil gleich Kulturhaus. Auch das klingt schlüssig, nicht künstlich, eher nach Kunst. Auf der Namenssuche stößt man auf einen Podewils. Eine Straße in Spandau heißt so. Offensichtlich ging ein Buchstabe verloren. Sowas passiert. Oft nicht ohne Grund. Wir werden ihn noch erreichen.

Der Bau gehört in die Zeit des Barock. Die Wunden des dreißigjährigen Krieges sind verheilt; die Stadt wird ausgebaut. Die Residenz bekommt einen glanzvollen Mittelpunkt. Das Stadtschloß entsteht neu, ein eindrucksvolles Beispiel des norddeutschen Barock. Die am Hofe Angestellten verleihen Berlin mit ihren Stadtpalais weiteren Glanz. Architekten bauen nicht nur im Staatsauftrag. Die Hohenzollern-Residenz kann sich sehen lassen, gemessen am Niveau der Mark Brandenburg.

Jean de Bodt erbaut 1701–04 für einen Hofrat dieses ansehnliche Stadthaus. Es wechselt für 12.000 Taler den Besitzer und wird Wohnort des preußischen Staatsministers Heinrich Graf von Podewils (1695–1760), unter dem Soldatenkönig Leiter der auswärtigen Angelegenheiten und Minister im Kabinett Friedrichs II. Doch legt er sich mit dem neuen König auch an. Das Thema war heikel: Schlesien und der Eroberungsfeldzug. Mit dem Leben bezahlt hat er es nicht; er starb eines natürlichen Todes. Friedrich Nicolai nennt es das Huotsche Haus, nach dem nachmaligen Besitzer. Bei Gewährsmann Ziethe kommt es gar nicht erst vor. [1] Da war das Gebäude bereits in städtischem Besitz. Der Magistrat kaufte es 1874 dem Rentier Löwenherz für 215.000 Taler ab, der es 18 Jahre zuvor für nur 80.000 erworben hatte. Das im selben Jahr gegründete Märkische Provinzialmuseum kam hier bis 1881 unter. Viel später erst in einem eigenen Bau. Von Ludwig Hoffmann.

Die Stadt investiert in den Umbau, der Seitenflügel wird wesentlich erweitert, vieles modernisiert. Es galt, Behörden unterzubringen. Und davon gab es reichlich. Von der Verwaltung wird noch zu berichten sein. Im ersten Drittel unseres Jahrhunderts wird die Städtische Sparkasse, die ihren Hauptsitz am Mühlendamm hatte, als Eigentümer geführt. Später arbeitete die Finanzverwaltung des Bezirksamtes Mitte lange Jahre im Haus, wie auch diverse andere Abteilungen. Ab 1937 sitzt auch der Bezirksbürgermeister im Barockbau. Ob nun freiwillig oder nicht, kein schlechter Arbeitsort aus heutiger Sicht. Doch hatte er nicht lange Freude daran, denn das Palais erlitt im Weltkrieg mehrere Bombentreffer, die vom Gebäude nur die Außenhaut übrigließen. Die ersten Aufbaustunden leistete die Jugend über die Massenorganisation »Freie Deutsche Jugend« (FDJ) im Jahre 1951, als in Berlin die III. Weltfestspiele der Jugend und Studenten stattfanden. Der Magistrat von Groß-Berlin beschloß daraufhin den

Wiederaufbau zu einem »Haus der Jugend«. Der 8. Geburtstag der FDJ am 7. März 1954 erschien als willkommener Anlaß, um das »Zentrale Klubhaus der Jugend« durch den Oberbürgermeister Ost-Berlins, Friedrich Ebert, an seine zukünftigen Nutzer zu übergeben. Nach fünfjähriger Tätigkeit holte die FDJ zu etwas größerem aus. Die »Deutsche Sporthalle« von Richard Paulick an der Stalinallee erfuhr durch einen Beschluß des VI. FDJ-Parlaments eine Umgestaltung zu einem Kultur- und Sportclub. So bildeten beide Komplexe seit 1959 einen »Zentralen Klub der Jugend und Sportler Berlin«, dem alsbald ein Ferienstützpunkt in Prieros und eine Bootsausleihstation in Berlin-Grünau zugeordnet wurden. Doch damit war Mitte der 70er Jahre Schluß. Angeschoben durch die X. Weltfestspiele der Jugend und Studenten, die 1973 erneut in Ost-Berlin stattfanden, sollte die Sporthalle wegen Baufälligkeit einer neuen weichen. Nach dem Abriß zunächst Grünfläche, kam später ein Plattenbau an diese Stelle. Dadurch fehlte ein wichtiger Baustein des »Zentralen Klubs«. Nach dessen Auflösung erhielt das »Haus der jungen Talente« 1976 den Charakter einer eigenständigen Einrichtung. In dieser Form bestand es bis zum Juni 1991. Die wiedervereinigte Stadt hat mit einer politischen Entscheidung das HdjT geschlossen. Wahrscheinlich konnte sie mit einer Kulturstätte wie dieser wenig anfangen, denn etwas vergleichbares hatte es im Westen nicht gegeben. Daß hier seit 1971 ein Festival des politischen Liedes einen zentralen Veranstaltungsort besaß, war dabei nicht ausschlaggebend. Eine ideologische Kaderschmiede für den Nachwuchs ist das Haus nie gewesen, wenn es auch nicht ohne Einflüsse der Pionierorganisation und der FDJ arbeiten konnte. Die 1965 erfolgte erste Klubgründung in Form des Klubs junger Philosophen schipperte natürlich im Fahrwasser des Marxismus-Leninismus. Daneben entstanden noch zahlreiche andere: der Film- und Fernsehklub, der Theaterklub, der Literaturklub, der Musikklub, der Klub junger Freunde der bildenden Kunst, bis hin zum 1986 geschaffenen Computerclub. Das sogenann-

Das Podewil um 1890, rechts die Parochialkirche,
im Hintergrund Zur letzten Instanz

Das Podewil 1997, links Nachkriegsbauten der 50er Jahre

te künstlerische Volksschaffen nahm einen breiten Raum im HdjT ein und sollte die Altersgruppen zwischen 5 und 25 erreichen. Bis zur Auflösung bestanden bis zu 50 verschiedenartige künstlerische Gruppen, die insgesamt etwa 1.000 Mitglieder registrierten: nach Altersgruppen differenzierte Zirkel für Fotografie, Grafik und Keramik, Modewerkstatt, Textilgestaltung, Kunsthandwerk, Zeichnen und Malen, Plastik sowie Gitarre zeigen die damalige Bandbreite auf. Eine Gruppe Artistik/Äquilibristik, nach ihrem Gründer Werner Kropinski »Die Kropis« genannt, das 1972 als Nachwuchsstudio der Distel gegründete Kabarett »Die Reizzwecken«, das unter der rührigen Annie Sauer agierende Kinder- und Jugendensemble »Sadako« für Musik und Bewegung, das Pantomimenstudio Berlin, das bis zu 100 Mitglieder in verschiedenen Altersgruppen besaß, ein »Theater der kleinen und jungen Leute«, der schon im April 1958 gebildete »Tanzkreis Berlin« bis hin zu verschiedenen Volkstanzgruppen prägten das ästhetische Profil des Hauses. Dazu kamen die unterschiedlichsten öffentlichen Veranstaltungen, die das »Haus der jungen Talente« zu einem bekannten Anlauf- und Treffpunkt machten. Zum Beispiel stellten zwei Rockbands in der Dienstagabendreihe »Musik für Fans« ihre Programme vor. Die Jazztage vermochten ihr Publikum genauso anzuziehen wie die jährlichen Hausfeste und monatlichen Samstagsfeten. Die Aufzählung allein verdeutlicht die Stellung und Bedeutung des Hauses, das einer Unmenge von Kindern, Jugendlichen und Erwachsenen in guter Erinnerung geblieben sein dürfte. Die in der Wende- und Nachwendezeit auf die neuen Verhältnisse und Umstände angepaßten Konzeptionen konnten jedoch dem Kulturhaus in dieser Form das Überleben nicht sichern. Heute sind aus der alten Crew des HdjT noch zwei Mitarbeiterinnen dabei. Nur der 1975 gegründete Kinderchor Omnibus existiert von der Sache her noch.

Am 1. Juli 1992 ging es unter dem neuen alten Namen Podewil weiter. Die vom Wort her schwergewichtige »Berliner Kulturveranstaltungs- und Verwaltungs-GmbH« hatte nach den Vorstellungen des Kultursenators *durch die Verknüpfung ihrer vielfältigen Aufgaben eine Strukturlücke im kulturellen Angebot unserer Stadt zu füllen.* In einem Papier des Hauses ist der Anspruch genauer definiert. *Das Podewil versteht sich als Zentrum zeitgenössischer, aktueller und experimenteller Kunstformen – Theater, Tanz, Musik und ihre Zwischen- und Randbereiche – und als künstlerische Werkstatt und Begegnungsstätte, die Berliner und ausländische Künstler aus Ost und West zusammenführen und vorstellen will. Aufgrund der räumlichen Beschaffenheit (mehrere Veranstaltungsmöglichkeiten und Arbeitsräume) ist das Haus in idealer Weise dafür geeignet.* Wir werden die Arbeit des Podewil auch weiterhin daran messen. Über die GmbH soll ebenso der internationale Kulturaustausch befördert werden. Durch die administrative Anbindung gehören seit 1993 auch die künstlerisch selbständigen Spielstätten »Theater am Halleschen Ufer« und »Die Schaubude. Puppentheater Berlin« dazu.

Nach einer Veranstaltung am 20. Februar 1966 brach infolge eines technischen Defektes ein Brand aus, der den Saal und die Holzkonstruktion des Dachgeschosses zerstörte. Dem bis 1970 erfolgten Wiederaufbau haben wir auch die Aufsetzung des historischen Doppelwalmdaches zu verdanken, da in den 50er Jahren lediglich ein einfaches, architekturästhetisch unbefriedigendes Satteldach den Barockbau zierte. Gar mancher wird sich beim Lesen des Faktes für diesen und jenen Bau Berlins einen Dachstuhl-Pyromanen wünschen, um dadurch das historische Erscheinungsbild wiederherzustellen. Besser wäre es selbstverständlich ohne, allein es fehlt am Geld und oft auch am guten Willen. Auch im Klosterviertel gäbe es Handlungsbedarf.

Auf Draht sein

Ein Nachkriegsbau schräg gegenüber dem Podewil, auf Höhe der Klosterkirchenruine, vermag wenig Aufmerksamkeit zu erwecken, eher der Umstand, daß er überhaupt dort steht. Die Hausnummer 44 ist unauffällig plaziert, die breite Eingangstür fast gänzlich aus Metall, von schwarzer Werksteinverkleidung eingefaßt. Ihr fehlt die Transparenz genauso wie dem Gebäude, das von außen wenig Rückschlüsse auf das Innere zuläßt. Ein Bürohaus? Nur für welchen Zweck? Vor dem DDR-Bau parken Fahrzeuge der Telekom. Das schreckt vor dem Betreten weniger ab. Dafür gleich die kleine Treppe mit dem oben ins Auge fallenden Schild: Dienstausweise unaufgefordert vorzeigen! Kein Haus für die Öffentlichkeit.

Daß 1969/70 dieses Gebäude der Deutschen Post errichtet wurde, hängt mit der strukturellen Umgestaltung der »Hauptstadt der DDR« zusammen. Und die war ziemlich rigoros. Den Bereich der alten Post im Zentrum zu lokalisieren, gelingt insofern, weil es dort noch eine Poststraße gibt. Die Stadtplaner der Nachkriegszeit opferten der neuen sozialistischen Mitte die Reste der alten Postzentrale. Eine neue Vermittlungsstelle für das Telefonnetz mußte geschaffen werden. Die eigentliche Vermittlungsstelle befindet sich im ersten Obergeschoß, in einem riesigen Raum, der bis zur Decke mit großen offenen Schaltkästen zugestellt ist. System 28, ein Verweis auf die Jahreszahl, wo es erstmals Anwendung fand. In dieser Form wohl das letzte seiner Art, das im Ostteil Berlins gebaut worden ist. Die nachfolgenden ähneln den heutigen Systemen. Vor allem brauchen sie weniger Platz. Leider fehlt heutzutage das sinnliche Erlebnis. Wer diesen Raum bei voller Funktionstüchtigkeit betrat, mußte Gehörschutz tragen, denn durch das tausendfache Klicken der Apparaturen herrschte ein ohrenbetäubender Lärm. Doch das war einmal. Die Anlage hat ausgedient und wird beseitigt. Im Stadtgebiet Mitte gab es fünf Vermittlungsstellen, in Ost-Berlin insgesamt 36. Immer mehr derartige Konstruktionen verschwinden aus unserer Zeit, deren bloßes Betrachten erahnen läßt, wie die Dinge arbeiten und Prozesse ablaufen können. So handlich klein ein Mikrochip auch ist, wir sehen nicht mehr, was dort passiert. Vielleicht kommt ja ein Stück

Die wohl letzte Vermittlungsstelle ihrer Art:
Reminiszenz an das System 28

System 28 Made in GDR ins Postmuseum. Die Vermittlungsstelle jedenfalls kam in der Nachbarschaft unter, genau am anderen Ende der Klosterstraße, dort, wo ebenso auffällig viele Telekom-Fahrzeuge parken. Die Toreinfahrt zum Hof hat eine besondere Oberflächengestaltung, deren parallellaufende und sich überschneidende Linien, die an Kugelpunkten enden, auf die Nutzung des Gebäudes verweisen sollen. Mit zahlreichen Suchkameras ausgerüstet, war der Komplex in der Vergangenheit ein außergewöhnlicher Ort. Das sollte dem Bürger Respekt einflößen. Führte aber auch zur Verachtung: Man mißtraut mir! Ein typischer DDR-Bau, der es in sich hatte: das Fernmeldeamt der Regierung. Und damit sowas wie ein Hochsicherheitstrakt. Hier liefen im wahrsten Sinne die Drähte zusammen, und an den Strippen saßen die Drahtzieher. Die wollten immer auf Draht sein, der reichte aber nur bis 1989.

Geschäftshäuser

In unmittelbarer Nachbarschaft schließt sich ein ebenso außergewöhnlicher Bau an. Ohne Kameras. Dafür mit einem Hinweisschild: Senatsverwaltung Bau- und Wohnungswesen, Landesverwaltungsamt Lützowstraße 106, Tel. 2604 3883. Ruf doch mal an! Warum nicht? Kein Anschluß unter dieser Nummer.

Das Gebäude macht neugierig. Die Fassade zeigt eindeutige Einflüsse des Jugendstils. Damit kann der Bau zeitlich eingegrenzt werden. Wer viel Zeit hat, schaue sich die Details in aller Ruhe an. Doch was ist das? An dem noch originalen Tor stehen die Jahreszahlen 1813 und 1873. Da gab es noch keinen Jugendstil. Der hatte übrigens in Berlin keine ausgeprägte Tradition. Schließlich war Berlin Sitz einer kaiserlichen Monarchie. Die bevorzugte ganz andere Stile und hat die Entfaltung dieser nur wenig historisierenden Kunstrichtung nicht mitgeprägt. Das hätte wohl auch keiner erwartet. So blieb es Geschäftsleuten vorbehalten, sich nach ihrem Geschmack Villen oder Geschäftshäuser mit jugendstiligem Touch zu bauen. Im Gurt-Gesims über der Toreinfahrt steht trotz Beschädigung noch gut lesbar in Stein gemeißelt *Berlin – Gebr. Tietz – Annaberg*. Annaberg? Das liegt doch in der Nähe von Beutha. Tietz? Im ältesten Adreßbuch der Stadt Annaberg-Buchholz von 1871 Fehlanzeige. Das Stadtarchiv kann auch nicht helfen. War Tietz nicht jenes jüdische Warenhausunternehmen, das durch die Nationalsozialisten »arisiert« worden ist? Aus Hermann Tietz ist durch Zusammenziehen der Buchstaben des Vor- und Nachnamens bekanntermaßen HerTie geworden. Wurde deshalb versucht, den Namen wegzumeißeln?

Diese Gebrüder Tietz hier haben nun weder mit Hermann Tietz, dem heutigen Hertie, noch mit Leonhard Tietz, der heutigen Kaufhof AG, etwas zu tun. Sie hatten den Nachnamen gemein und gehörten zu einer großen Familie. Unsere

Das ehemalige Geschäftshaus der Gebrüder Tietz heute

Brüder waren ein selbständiges Unternehmen. Und kauften 1902 dem Bankgeschäft Frege & Co. in der Klosterstraße 64 das Grundstück samt Gebäude ab. Frege & Co. tauchen schon 1873 im Berliner Adreßbuch auf, Charlottenstraße 63, später Jägerstraße 15 und schließlich Französische Straße 32. Alles feine Adressen um den Gens'darmenmarkt, die mit der Bankmetropole Berlin verknüpft sind. Ferdinand Frege zieht schließlich 1906 als persönlich haftender Gesellschafter das Bankgeschäft aus Berlin ab und geht nach Leipzig, in der Reichshauptstadt ist er lediglich noch mit einer Filiale vertreten. Zu dieser Zeit ist das Gelände längst vom Altbau beräumt und 1904–06 von Georg Lewy mit einem Neubau versehen worden, der zwei Höfe besitzt. Die Brüder Berthold, Georg und Heinrich Tietz handeln und investieren schnell. Sie führen zunächst ihr Posamentier-, Knopf-, Band- und Kurzwarengeschäft in der Bischofstraße 25, die zwischen der Klosterstraße und dem Hohen Steinweg lag. Alle drei Straßen im Bereich der Marienkirche gibt es heute nicht mehr. Die Tietzens geben den alten Komplex 1909 endgültig auf. Den neuen müssen sie aufgeben. Berliner Adreßbuch von 1940: Klosterstraße 60, 61–63, Eigentümer Tietz, Ausland. Klosterstraße 64, ihr Neubau, Eigentümer Heeresstandortverwaltung. Es ist Krieg. Der gegen die Juden wird in Berlin schon seit 1933 geführt. Unerbittlich.

Nur noch der Neubau mit der Inschrift *Gebrüder Tietz* kündet von einst. Der Zuerwerb in der unmittelbaren Nachbarschaft ist restlos zerstört. Dort stehen jetzt die DDR-Bauten des ehemals gut behüteten Fernmeldeamtes. Daß den Brüdern Tietz ab 1906 auch die Grundstücke Stralauer Straße 12, 1910 Klosterstraße 62 und 63, 1915 Stralauer Straße 13/14 und schließlich ab 1916 auch noch Klosterstraße 60 und 61 gehören, ist kein Einzelbeispiel solch einer Expansion. Doch sie beanspruchten den Komplex nicht für sich allein. Hier lassen sich viele andere Geschäftsleute finden, die die Nähe zum Tietzschen Posamentierwarengeschäft engros suchten. Abrahamsohn, Knabenkonfektion; Anspach & Kirchberger,

Kravattenfabrik; Cohn & Sohn GmbH, Kleiderfabrik; Mercedes KG, Klaus Hausdorff & Co, Druckknöpfe; Neuhoff's Erben, Garnhandlung; Ries, Mützenfabrikant. Auch die Knopfmanufaktur Tietz & Co. GmbH gehörte dazu. Heute gibt es keinen einzigen dieser Art im gesamten Viertel. Der Faden ist gerissen. Ebenfalls unerbittlich.

Zwischen Stralauer Straße und Spree existiert in unserem Gebiet kein einziges Gebäude mehr, das vor 1900 gebaut worden wäre. Um die Ecke zwei weitere Zeugen der längst vergangenen Geschäftstüchtigkeit, die nach dem Abriß der alten Wohn- und Gewerbekomplexe entstanden sind. Es handelt sich jeweils um Doppelnumerierungen. Von der Stralauer Straße 44/45 ist nur noch das Vorderhaus des Geschäfts- und Gewerbekomplexes vorhanden, das Felix Lindhorst 1911–13 für den Kaufmann Cyran und den bald als Eigentümer dazustoßenden Fabrikbesitzer Müller konzipierte. Zuvor hatten die Erben des Färbereibesitzers Matterne das Grundstück verkauft, das ja bis zur Spree reichte. Der Architekt Lindhorst hält sich an den dominierenden Stadtbaumeister Hoffmann und bringt ebenfalls über den toreinfahrtgroßen Öffnungen der Erdgeschoßzone aus Stein gehauene Köpfe an. »Letzte Instanz«, Gebr. Tietz, Stadthaus, GASAG-Verwaltungsgebäude, Feuersozietät und hier. Nur den Kopf nicht hängen lassen, sonst sieht man selbige an den Gebäuden nicht! Die Wäschefabrik Rosenthal mietet sich sofort im Neubau ein und beschäftigt bis zu 400 Angestellte. Der Fabrikbesitzer Rosenthal übernimmt schließlich 1918, am Ende des Ersten Weltkrieges, den gesamten Komplex. Zu dieser Zeit sind auch schon einige Einrichtungen des Magistrats in diversen Räumen untergebracht. Auf dem Nachbargrundstück wurde 1909/10 ein Geschäftshaus mit drei Höfen errichtet, das noch heute bis zum Rolandufer reicht. Wer sich links vom Komplex auf den dortigen Parkplatz stellt, kann sich von den Ausmaßen der Anlage selbst ein Bild machen. Die Höfe werden durch Seitenflügel zusammengehalten, von denen der mittlere verschwunden ist. An den Quergebäuden fehlen nämlich genau an der Stelle die Fliesen, und die Fenster sind erst durch die Wiederherrichtung nach dem Weltkrieg eingefügt worden. Gespiegelt haben wir dadurch auch eine Vorstellung vom Grundstück Nr. 44/45, von dem lediglich das Vorderhaus übrigblieb. An der Brandmauer vom dritten Hof des Nachbarn entdecken wir noch Spuren des Abdrucks. Die beiden Grundstücke Stralauer Straße 42 und 43 kaufte 1908 der Kommerzienrat Schönner dem Regierungsrat Dr. Rose ab, legte die beiden Areale zusammen und ließ sie kurzerhand neu bebauen. Kaum ist das Geschäftshaus fertig, gibt es auch neue Mieter. Von Leerstand keine Spur. Die Stickerei Reichmann, die Schürzenkonfektion von Wartenberg und schließlich die Tietz AG mit einem Einkaufshaus.

Tietz? Expandierten die Brüder etwa auch bis hierher? Nein. Denn im Adreßbuch steht ganz deutlich: Tietz AG, L. Einkaufshaus. Das L. wiederum für Leonhard, jenen Tietz, der aus Stralsund ins wirtschaftlich aufblühende Rheinland ging und den Hauptsitz schließlich nach Köln verlegte. Er wandelte das Unternehmen 1905 in eine Aktiengesellschaft um. Leonhard Tietz starb 1914, nicht im Krieg, der seinem Unternehmen nichts anhaben konnte, denn es blühte weiter auf. Er ging schon vorher mit einer Filiale nach Berlin, jedoch später als das Unternehmen Hermann Tietz, das sich in der Reichshauptstadt schon längst einen Namen gemacht hatte, der in aller Munde war. Auch die Tietz AG wollte offensichtlich expandieren, denn sie erwarb in der Nachbarschaft die Grundstücke Stralauer Straße 47 und 51. Die dazwischenliegenden Nummern 48–50 waren unbebaut und gehörten zunächst noch der Gesellschaft für Hoch- und Untergrundbahn, die ja darunter den Bau der Linie A realisiert hatte. An die Städtische Baupolizei geht am 2. Juni 1922 folgendes Schreiben: *Die Leonhard Tietz AG, Köln, beabsichtigt, auf dem Grundstück der Hochbahngesellschaft, welches in der verlängerten Klosterstraße nach der Spree zu liegt, ein Fabrik- und Geschäftsgebäude zu errichten. Man möchte bei dieser Gelegenheit die Kleine*

Stralauer Straße eingehen lassen und eine einheitliche Bebauung der Grundstücke der Hochbahngesellschaft nächstliegender städtischer und privater Grundstücke herbeiführen. Zu einer Besprechung über diese Fragen gestatte ich mir, auf Mittwoch, den 07. Juni 1922 vormittags 09.00 Uhr nach meinem Arbeitszimmer im Rathaus einzuladen. Unterschrift: Oberbürgermeister Böss. (I) Kein Pappenstiel, lädt doch das Stadtoberhaupt selbst zu einer Beratung. Die Bebauung allerdings kommt nicht voran. Hans Baluschek (1870–1935) hat uns mit Bleistift die Baustelle im Jahre 1928 festgehalten. Seine Motivation ist jedoch eine andere. Er soll im Auftrag des Magistrats von Groß-Berlin eine Reihe von Stadtansichten malen. Sein Bild heißt schlicht aber ergreifend »Ruinenwohnung in der Stralauer Straße«. Im Vordergrund eine Frau mit Ziege, etwas tiefer ein Paar mit scharrenden Hühnern; dahinter Wohnhäuser, an einem klebt jene Ruinenwohnung, offensichtlich nicht erst seit gestern. Wäsche flattert auf einer Leine im Wind. Kein Baum, kein Strauch. Die Brandmauer zeigt Werbung: Exquisit – Ernst Bartel. Ein solcher läßt sich in der Stralauer Straße schlichtweg nicht finden. Auch im Berliner Adreßbuch nicht. Nur in Nr. 51 gab es 1928 einen Hans Bartels mit einem Schokoladengeschäft, dessen Existenz wohl von kurzer Dauer war, denn es wird 1929 nicht mehr erwähnt. Stralauer Straße 51, Eigentümer Tietz AG, Einkaufshaus. Davon ist nichts zu bemerken. Eine Frau steigt Treppenstufen, ein Kind lehnt am Geländer, darunter ein aufgeschütteltes Federbett, eine weitere Frau.

Tietz hatte inzwischen auch das unbebaute Gelände käuflich erworben und seinen Grundbesitz erweitert. Zu einem großen Einkaufshausneubau kam es jedoch nicht mehr. Im Zuge der ersten Boykottaktion 1933 machten die Nationalsozialisten auch vor diesem jüdischen Unternehmen keinen Halt. So geriet die Tietz AG in die Fänge der »Arisierung« und firmierte bald unter »Westdeutsche Kaufhof AG«, die heute noch als »Kaufhof Warenhaus AG« fortbesteht. Seit dem Fall der Mauer auch in Berlin vertreten. Vom Besitz der

Abrißromantik an der Stralauer Straße.
Bleistiftzeichnung von Hans Baluschek

alten Tietz AG existiert hier kein einziges Gebäude mehr. Nur der Geschäftshauskomplex in der Stralauer Straße 42/43, in dem sie zunächst Räume für ihr Einkaufshaus mieteten.

Eine ganz andere Auskunft gibt dort heutzutage ein Schild aus Stein, das an dem Wandpfeiler neben der Einfahrt zum Hof angebracht ist: *Wasserwirtschaft, Eingang dort*. Der Pfeil weist nach links. Nur wer soll das lesen? Die Autofahrer? Denn im Erdgeschoß der beiden Gebäude ist ein Laufgang ausgehöhlt, der nicht aus der Erbauungszeit stammt und den die Fußgänger benutzen sollen. Keiner spaziert demzufolge auf der schmalen Kante vor den Geschäftshäusern bei dickstem Straßenverkehr entlang und kommt so auch nicht in den Genuß, das Hinweisschild zu entdecken. Höchstens von der anderen Seite. Leider hebt sich die Steintafel kaum von der Farbe des Pilasters ab. So bleiben nur wenigen Entdekkerfreuden vorbehalten. Und was fängt man damit an? Wenn hinter dem Komplex die Spree fließt, scheint der Sitz der Wasserwirtschaft ganz sinnfällig zu sein. Schon seit dem Ersten Weltkrieg findet sich im Haus Nr. 44/45 die »Städtische Polizeiverwaltung Abt. II des Magistrats, Grundstücks Be- und Entwässerung«. Andere kommen hinzu, es ufert aus. Tiefbau Abt. IV des Magistrats, das Brückenbauamt der Stadt, selbst das Wahlbüro oder die Kriegshilfskasse des Magistrats. Nicht das einzige Beispiel in dieser Gegend. Um das Rote Rathaus herum werden auf die vorhandenen Gebäude die Städtischen Verwaltungen verteilt. Es herrscht Raummangel en gros.

Vom Stadthaus und Städtischen Forum

Der repräsentative und stolze Rathausbau aus rotem Ziegelstein an der damaligen Königsstraße wird, kaum eingeweiht, bald zu klein. Die Stadt wächst, mit ihr der Verwaltungsapparat. Nach der Einweihung des neuen Rathauses mietet der

Magistrat für seine Zwecke an oder kauft sich ein. So erwirbt er zum Beispiel auch das Palais Podewils in der Klosterstraße. Neben der kurzzeitigen Unterbringung des Märkischen Provinzialmuseums werden diverse »Bureaus« für die Belange der Kanalisation, der Wasser- und Gaswerke eingerichtet. So finden sich dort bis in die Zeit des Ersten Weltkrieges hinein das Bauamt der Städtischen Wasserwerke, Betriebsbureaus der Wasserwerke, die Deputation und Direktion der Wasserwerke, die Direktion des Straßenreinigungswesen nebst Betriebskrankenkasse, die Städtische Deputation für das Straßenreinigungswesen, das Technische Bureau der Städtischen Wasserwerke sowie die Verwaltung der Abortanstalten. Die Wasserwirtschaft wird nachfolgend in der Stralauer Straße untergebracht, wovon wir schon hörten. Die infolge der Büronot einsetzende Auslagerung verschiedener Ressorts führte zunehmend zur räumlichen Zersplitterung der Einrichtungen. Der Schrei nach einem Erweiterungsbau resultiert daraus. Der schwierigen Grundstückssituation zufolge verbietet sich ein Anbau an das Rote Rathaus. In der Innenstadt fehlt ein freies Stück Bauland, denn was soll ein Neubau fernab der City auf sandiger Wiese. Nur durch Abriß kann dem Genüge getan werden, die Frage ist, wo? Die Meinungen gehen auseinander. Die Standorte auch. Alle wollen den Bau an der Spree plaziert wissen, die einen südlich vom Molkenmarkt, die anderen dort, wo das alte Waisenhaus stand. Die Entscheidung wird vertagt. In der nächsten Runde schlägt der Magistrat jenes Gelände vor, auf dem das neue Stadthaus auch gebaut wurde. Ihm ist der Standort an der Waisenbrücke zu klein. Selbst beim Schinkelwettbewerb des Jahres 1898 geht es zum Thema »Stadthaus« zur Sache. Einen ersten Preis bekommt auch Hans Poelzig (1869–1936), ein späterhin bekannter Architekt, einer der wenigen großen seines Fachs, der in Berlin zur Welt gekommen ist. Gebaut hat er das kommunale Gebäude jedoch nicht.

Das blieb dem gebürtigen Darmstädter Ludwig Hoffmann (1852–1932) vorbehalten, der in Berlin mehr gebaut hat *als*

Das für den Bau des Stadthauses beräumte Gelände mit Blick auf die Klosterstraße 1902. Links die Parochialkirche, daneben das alte Pfarrhaus

alle Schlüter, Eosander, Knobelsdorff, Gontard, Langhans und Schinkel zusammen. [8] So stand es im Nachruf auf Hoffmann von Adolf Behne in der Weltbühne Nr. 28 des Jahrganges 1932. Mit dem Bau des Reichsgerichts in Leipzig hatte er sich als Architekt anschaulich ins Bild gesetzt. Er sollte im Reichsamt des Inneren die Nachfolge des im Januar 1896 verstorbenen August Busse (1839–1896) antreten. Und lehnte ab. Das hatte Konsequenzen. In Berlin wählten ihn daraufhin die Stadtverordneten für den in die Jahre gekommenen Hermann Blankenstein (1829–1910) zum Stadtbaurat. Ohne sich beworben zu haben, nahm Hoffmann an. Warum sollte nun ein öffentlicher Wettbewerb Ergebnisse über das Aussehen des Stadthauses bringen, wenn Berlin den Erbauer des Leipziger Reichsgerichts zum obersten Architekten hatte? Der Auftrag ging ohne große Diskussion an ihn. Indes der neue Stadtbaurat die Vorentwürfe aufs Papier zeichnet, bringt die Stadt den Bauplatz durch Ankauf auf den Weg. Sie erwirbt 1898 folgende Grundstücke: in der Stralauer Straße die Nummern 15, 16, 17, 18, 19, 20, 21, 22, in der Klosterstraße die 47, 48, 49, 50/51, 52, 53, 54, 55–57, 58, 59, in der Parochialstraße die 9, 10, 11, 12, 13, 14, 15, 16, 17–18 sowie in der Jüdenstraße die 34, 35–37, 38–39, 40, 41–42. Manch Eigentümer mag froh gewesen sein, die »olle Hütte« verkauft zu haben. Doch was geschieht mit den Mietern und Gewerbetreibenden? Von einem Sozialplan weit und breit keine Spur. Ein emsiges Aus-, Um- und Wegziehen beginnt. Nicht jeder kommt in der Nachbarschaft unter. Derweil der Abriß anläuft, stimmt die Versammlung der Abgeordneten am 3. April 1901 dem Hoffmannschen Entwurf zu. *... manch stimmungsvoller Bau aus Alt-Berlins bester Zeit ging verloren. Auch ein Bauwerk bleibt nicht immer bestehn. Tritt ein besseres oder auch nur ein gleich gutes an seine Stelle, so wird man es verschmerzen können.* (II) Meint Ludwig Hoffmann und legt sich ins Zeug. *Im Stadthaus sollten etwa 1.000 Beamte arbeiten, nur zwei Sitzungssäle waren darin verlangt worden. Dies Programm bot im Gegensatz zum Reichsgericht wenig Gelegenheit, das mächtige Bauwerk im Inneren architektonisch zu betonen. Im alten Rathaus führt zu den im oberen Geschoß gelegenen Sälen eine hohe Treppe ... Zu ernsten Feiern und besonders zu Trauerfeiern sind die Säle dort nicht geeignet ... Das Tragen eines Sarges aus dem Festsaal durch die über Eck gelegenen Nebensäle und die hohe Treppe hinab hat mir stets einen wenig feierlichen Eindruck gemacht. Ich projektierte deshalb für das Stadthaus im Anschluß an das Hauptvestibül eine Stadthalle für ernste Feiern. Ruhig und streng gestaltet soll sie dem Inneren des großen Gebäudes einen starken architektonischen Halt bieten.* [9] Beim Entfernen der zu DDR-Zeiten eingezogenen Zwischendecken *hat sich ein noch viel größerer, kirchenähnlicher Säulensaal aus Sandstein herausgeschält,* heißt es im Tagesspiegel vom 12. August 1995. Hoffmann hat dort keine einzige Säule verwendet. Der für die Bauverwaltung mit der Herrichtung des Prachtbaus beauftragte Architekt Gerhard Spangenberg spricht begeistert von »Großstadtarchäologie«. Der Blick auf einen publizierten Querschnitt hätte wahrscheinlich zu weniger Verbal-Euphorie, wenn auch nicht geringerem Beifall für Hoffmanns kirchenähnlichen Raumentwurf geführt. Für ca. 150 Millionen DM wird der Bau seit 1993 vor allem für den Senat für Inneres wiederhergerichtet, jedoch nicht, ohne einen kleinen Teil der Veränderungen und Umbauten aus den Tagen der DDR-Nutzung zu erhalten. Für den Saal jedenfalls pflanzen uns Staatssekretäre kühne Veranstaltungssamen in die Köpfe. An Hoffmanns Anmerkungen, so scheints, denkt dabei wohl keiner. *An musikalische Aufführungen hatte ich hier nicht gedacht, die akustische Wirkung bei seiner Gestaltung und Durchbildung deshalb auch nicht berücksichtigt ... Um so überraschter war ich, als bei der Gesangsprobe für die Einweihungsfeier der Dirigent des Domchors mir zurief: »Ich gratuliere zu der vorzüglichen Akustik.« ... Diese gute Akustik beruht wohl drauf, daß ich die in Muschelkalkstein ausgeführten Wände überall mehr oder weniger hatte aufrauen lassen, um hierdurch den volkstümlichen, bürgerlichen Charakter der Halle zu fördern.* [9] Den Sanierern sei dies unbedingt ins Arbeitsbuch geschrieben, sollen dem Vernehmen nach wieder wohlklingende musikalische Töne erfreuen. Warten wir's ab. Wie so oft geduldig. Ungeduld beherrschte jedenfalls die Atmosphäre vor der Fertigstellung.

Das Stadthaus näherte sich seiner Vollendung. Und je mehr dies geschah, um so stärker wurden die Klagen, daß das so lange dauere. So entsinne ich mich, schrieb Hoffmann in seinen »Lebenserinnerungen«, *heftiger Vorwürfe des Stadtverordneten Liebenow in einer Sitzung im Rathaus. Ihm antwortete ich, solche Vorwürfe könne ich schon begreifen, wenn es sich um einen Schulbau oder um ein Krankenhaus handle und die Schulkinder auf der Straße ständen oder die Kranken sonst nicht unterzubringen seien. Bei einem Stadthaus aber müsse man bedenken, daß es die Stadt auf lange Zeit hin auch künstlerisch repräsentieren solle. Und wenn nach Jahrhunderten die Berliner Bürger davor ständen und ausriefen:*

Blick vom Fernsehturm 1994: in der Mitte die Klosterstraße, links Podewil, Parochialkirche und (an der Spree) GASAG und Finanzsenat, rechts Feuersozietät und Stadthaus

»Dies also ist das Stadthaus aus der Zeit, in welcher Herr Liebenow Stadtverordneter war«, müsse es doch ein hochmonumentales Bauwerk sein, und dazu gehöre ein sehr bedachtsames und sorgfältiges Arbeiten. Die Stadtverordneten lachten, Herr Liebenow schwieg und hat mich nie wieder behelligt. [9] Der Turm blieb bis zum Bauende in seiner Gestaltung das Hauptproblem und dennoch summa summarum der krönende Abschluß. Hoffmann hat diesbezüglich viel Zeit und Energie aufgebracht, eine befriedigende Lösung zu finden. Davon ist heute nur noch das Grobe zu spüren, denn alle Figuren fehlen, und bekrönt wird das Ganze weiterhin von einer Fahnenstange.

Schon seit 1908 zogen die verschiedenen Verwaltungen ein, aber erst am 29. Oktober 1911 fand die festliche Einweihung des neuen Stadthauses statt, das eine Mixtur von Verwaltungsbau und Rathaus war. Letzteres insofern, als es auch hier einen zentralen, achsensymmetrischen Turm gab. Eine Bemerkung läßt sich in unserer Zeit schwerlich unterdrükken. Die ersten Stadtbeamten zogen noch in ein Provisorium, im weitesten Sinne Baustelle, ein. Heutigen Stadt- oder gar Bundesbediensteten fällt dies wesentlich schwerer. Sie wollen alles perfekt haben. Nur die Dinge, die sie politisch organisieren oder verwalten sollen, werden es fast nie.

Zurück zum Stadtbaurat, denn es war nicht sein einziger Verwaltungsbau in dieser Gegend. Bedarf gab es in der prosperierenden Stadt mehr als genug, allein es fehlte der Platz. Da das Erweiterungsgebäude des Rathauses nun schon plaziert war, konnte auf dem auch dafür vorgeschlagenen Gelände des ehemaligen Waisenhauses ein anderer Verwaltungsbau entstehen, der ebenfalls in den Händen von Hoffmann lag. *Da galt es zunächst das Direktoratsgebäude der Städtischen Gaswerke an der Waisenbrücke fertigzustellen ... Einen Bau aus früheren Jahrhunderten abbrechen zu müssen, fiel mir immer sehr schwer.* Das scheint heute anders zu sein. Leider haben wir nur viel weniger davon. *Die Gaswerke der Stadt Berlin brachten der Stadt damals hohen Gewinn, sie wünschten, daß dies am Äußeren ihres Baus zum Ausdruck käme ... Das war eine Aufgabe für unseren besonders tüchtigen Stadtbaumeister Wille. Mit großer Umsicht hatte er die Bausausführung vorbereitet und trotz schwieriger Fundierung dicht an der Spree führte er den gewaltigen Bau mit seinen 172 m langen Straßenfronten aus Werksteinen in kürzester Zeit aus.* [9] Und so steht er auch heute noch. Aus dem Sitz des VEB Energiekombinat Berlin ist längst wieder ein Verwaltungsbau der GASAG geworden. Bei aller Monumentalität, das Gebäude ist jederzeit zu ertragen. Vielleicht ist es dies, was Hoffmann selbst ins Spiel bringt. *In früheren Jahrhunderten hoben sich die großen öffentlichen Bauten in stärkerer architektonischer Betonung oft auch in reicherer Durchbildung von den benachbarten bescheidenen Wohngebäuden wirkungsvoll ab. Bei den stark gegliederten und oft mit schlechtem Schmuck überladenen Wohnhäusern unserer Zeit wirken die meisten Straßen an sich so unruhig, daß es mir günstiger erschien, wenn die großen öffentlichen Bauten in vornehmer Zurückhaltung durch eine gleichmäßige Ausbildung auf geordneter Grundlage dem Auge einen erholenden Ruhepunkt bieten.* [9]

Offensichtlich ist es an der Zeit, sich auch einen Architekten – zudem Stadtbaurat von 1896 bis 1924 – wie Ludwig Hoffmann zu merken. Die beiden Hoffmannstraßen in Treptow und Adlershof heißen jedenfalls nicht ihm zu Ehren so. Trösten wir uns mit der Ludwig-Hoffmann-Brücke, die an der Beusselstraße über den Westhafenkanal führt. Denn auch Brückenbauten gehörten in sein Repertoire. Unweit gelegen, stammen die Roßstraßen- und Inselbrücke von ihm. Indes zeigen uns die beiden Großbauten deutlich die Demontage des Wohn- und Gewerbeviertels an. Die Verwaltung fraß sich durch die Stadt, im Gepäck das Argument der Stadthygiene. Selbst die Justiz machte sich in Form des Land- und Amtsgerichts I in der Neuen Friedrichstraße breit. Die Forderung nach mehr Platz wuchs und wuchs wie ein Geschwür.

Die beiden schon besprochenen Geschäftshäuser Stralauer Straße 42/43 und 44/45 sind nun nicht durch den Bombenhagel restlos in Schutt und Asche gelegt worden, obwohl sie den Zweiten Weltkrieg eigentlich gar nicht mehr erleben sollten. Die Planungen der Nationalsozialisten sahen einen Neubau vor, der dieselbe Frontlänge wie das Stadthaus auf der anderen Seite bekommen hätte. Im Verwaltungsbericht der Haupthochbauverwaltung von 1936 heißt es: *Um den Gesamtbedarf von 35.000 qm Bürofläche zu decken und am Rolandufer eine einheitliche Gestaltung herbeizuführen, ... wurden ... Pläne erörtert, auf dem Block B im Anschluß an die Münze einen weiteren städtischen Neubau zu errichten.* [10] Der Münzkomplex am Mühlendamm ist schließlich gebaut worden, jedoch das Bürogebäude für die Verwaltung des Wasserbauamtes, des Brückenbauamtes sowie der Stadtentwässerung nicht. Die vorhandenen und angemieteten Gebäude entsprachen mit ihren Unzulänglichkeiten nicht mehr der Nutzungsvorstellung. Die Planungen der NS-Zeit sahen raumgreifende Veränderungen in diesem Altstadtbereich Berlins vor. Alles hing schließlich am Tropf des Baus eines »Adolf-Hitler-Kanals«, der hier einen Schleusenvorhafen erforderte. Der zog eine neue Mühlendammbrückengestaltung nach sich, die mit dem Abriß zahlreicher Verwaltungsgebäude der Stadt verbunden war. Und wenn nun schon Ersatzflächen erforderlich werden – brauchten nicht auch andere Dienststellen mehr Arbeitsräume? Schon wurden keine kleinen Brötchen mehr gebakken. Das Tortenstück hieß Städtisches Verwaltungsforum. Doch ab 1937 gab es eine stadtplanerische Großbäckerei, der sich alles andere unterzuordnen hatte. Albert Speer plante mit dem dilettierenden Architekten Hitler eine gigantische Nord-Süd-Achse. An ihr war auch Platz für ein »Städtisches Forum der Verwaltung«. So blieb das hiesige nur Stückwerk und der Neubau des Block B auf der Strecke. Dadurch stehen die beiden Geschäftshäuser aus der Zeit vor dem Ersten Weltkrieg noch. Durch die neu festgelegte Baufluchtlinie an der Stralauer Straße wurden letztlich die Gebäude aus diesem Grund im Erdgeschoß für Durchgänge ausgehöhlt, denn ursprünglich liefen die Passanten außen vorbei.

Dafür kam aber noch der Bau des Städtischen Verwaltungsgebäudes C zustande. Richard Ermisch plante das Bürohaus für Dienststellen der Stadtverwaltung sowie der GASAG, das schließlich für ein paar Millionen zwischen 1937 und 1939 gebaut worden ist. Es schloß sich direkt an den Verwaltungsbau von Ludwig Hoffmann an, und von den 10.000 m Bürofläche gingen ca. 4.000 an die GASAG selbst, die damit wohl ausreichend versorgt war. Mitfinanziert hat sie das Projekt übrigens nicht, sie trat nur als Mieter in Erscheinung. Die Sockelzone mit Werkstein verkleidet, die Obergeschosse verputzt, besitzt der Ziegelsteinbau im Inneren zwei Höfe, deren Zufahrten nicht an der etwas verbreiterten Stralauer Straße, sondern am Rolandufer liegen. Der Haupteingang jedoch, durch fünf Arkadenbögen markiert, befindet sich an der verlängerten Klosterstraße und birgt auch das Haupttreppenhaus. Da das Gebäude immer noch in städtischem Besitz ist, zumal Dienststelle des Finanzsenats, kommt Unsereiner nicht

Glasfenster im Finanzsenat

sehr weit. Höflich aber bestimmt wird nach dem Grund des Eintretens gefragt. Es kostet zwar keine Gebühr zu gucken, aber beim Finanzsenat sind tiefere Einblicke nicht die Regel. Doch der Blick ins Vestibül lohnt sich wenigstens für einen Moment. Ein funktionstüchtiger Paternoster lenkt die Aufmerksamkeit auf sich. In Berlin zählt deren Gemeinde noch ca. 70 Mitglieder. Neue Einbauten sind längst verboten, aber jedem Eigentümer bleibt es vorbehalten, diese fossilen Aufzüge bei entsprechender Wartungskapazität weiter zu betreiben. Doch hier gilt es, der Verlockung einer Kabinenfahrt zu wiederstehen: Nur für Beamte und Mitarbeiter des Hauses.

Ein großes Glasgemälde ziert das Haupttreppenhaus, das noch original und keine Zutat aus der DDR-Zeit ist, als nach der Wiederherstellung Anfang der 60er Jahre das Gebäude vom Ost-Berliner Magistrat genutzt wurde. Das Stadthaus ging ja schließlich an den Ministerrat. Die Art und Weise der

Gestaltung paßt außerdem nicht zum sozialistischen Realismus der DDR. In einer Fensterecke ist die Jahreszahl 1940 nicht sofort zu entdecken, dafür der Hinweis: AUSF. AUGUST WAGNER BERLIN. Die mit Eichenlaub verzierten Scheiben wurden klassisch durch Bleirippen verbunden. An verschiedenen Stellen sind schildförmige Wappen zu sehen, die uns durch ihre Attribute auf das weite Feld des soliden Handwerks führen: Baugewerbe und Bauzeichnen, Buchdruck und Musik, Schmiedehandwerk und selbst die Astronomie sind herauszufiltern. Zudem wird die zentrale Fensterachse durch Figuren flankiert. Auf den Sämann und eine Bäuerin mit Ähren im Arm folgen eine Justitia mit Waage und Schwert sowie eine Athena-Figur mit Kranz in der rechten Hand, den sie am Arm zur Mitte streckt. Im ersten Obergeschoß bemerken wir noch zwei klassische Handwerker, den Maurer und einen selbstverständlich bärtigen Schmied. Ein Stockwerk höher schließt das Ganze mit Flamme und Schwert ab.

Das Treppenhaus atmet auch mit all seinem Verkleidungsmaterial den Gestaltungsgeist der Nazi-Zeit.

Im Zusammenhang mit dem Stadthaus plante Ludwig Hoffmann an der Jüdenstraße, an der er ja absichtsvoll den zweigeschossigen Turm frei nach den Gontardschen am Gensd'armenmarkt aufsetzte, einen kleinen Vorplatz. Der Erste Weltkrieg ließ die Sache wohl endgültig platzen. Daß unmittelbar vor dem Stadthaus ein heute viel zu großer Stadtraum existiert, ist in der Hauptsache nicht dem Zweiten Weltkrieg anzulasten, sondern der Abrißbirne, die in der Zeit des Nationalsozialismus geschwungen wurde. Ein monumentaler, 76 × 125 m großer Forumsplatz sollte angelegt und sogar mit der Granitschale vom Lustgarten versehen werden. Vom Molkenmarkt aus betrachtet, sahen die Planungen links einen Erweiterungsbau des Rathauses und rechts den Neubau eines Stadtpräsidentenhauses vor. Der Weltkrieg brachte all dies zum Erliegen. Gebaut worden ist jedoch noch in der Parochialstraße das Haus der Städtischen Feuersozietät. Das

Gebäude – gar nicht so tief – hat zwei fünfgeschossige Kopfbauten an der Jüden- und Klosterstraße und eine lange, aus vier Geschossen gebildete Front in der Parochialstraße. An den Ecken liegen die Eingangsbereiche hinter Arkaden verborgen. An dem zur Klosterstraße gelegenen Kopfbau entdecken wir außen die Köpfe eines Mannes und einer Frau, in der Supraporte, dem Feld über der Eingangstür, eine auf einem Hocker sitzende, den Oberkörper entblößte Frau mit einer Garbe Ähren im rechten Arm. Auf der anderen Seite ist die Eckgestaltung an der Jüdenstraße aufwendiger und plastischer, sollte sie doch auch am »Forum« liegen. Hier finden wir in zwei Nischen über der mittleren Arkade Figuren auf Konsolen stehend, die Aufklärung über die ursprüngliche Nutzung des Bauwerkes bringen. Eine kernige deutsche Frau im kurzen Minirock und langem Mantel rahmt auf der linken Seite das Fenster mit dem kleinen »Führerbalkon«, in der linken Hand ein Haus, der rechte Arm jedoch verrät einen segnenden oder schützenden Gestus. Der auffällig römisch gewandete Mann mit Helm flankiert rechts das Fenster und schüttet aus einer Schale Wasser auf ein brennendes Haus. Der Reiter in der Supraporte, der auf einem Pferd ohne Sattel und Zügel auch nur spärlich gekleidet sitzt, erinnert ebenfalls an antike Vorbilder, wie schon das weibliche Pendant auf der anderen Seite. Zwischen den Fenstern des ersten und zweiten Obergeschosses der mittleren vier Achsen an der Parochialstraße sind kleine Reliefs mit Kindern angebracht, die ebenfalls die Funktion des Gebäudes verdeutlichen. Feuerlöschen und Wiederaufbau bekommen aber durch die nackten Knaben etwas süßliches, was in der Realität doch anders aussieht. 1938 war der Bau fertiggestellt; zwei Jahre später fielen schon die ersten Bomben auf Berlin. Nachfolgend gab es in der Stadt genug zu löschen, und mit dem Wiederaufbau bzw. Neubau haben wir teilweise heute noch zu tun.

Das Haus der Feuersozietät jedoch blieb stehen und konnte weiterhin als Verwaltungsbau genutzt werden, zumal das

Rote Rathaus in der Nachbarschaft erhebliche Kriegsschäden zeigte. Der sich auch von außen durch überlängte Fenster gut abzeichnende Festsaal erlebte aufgrund seines guten Erhaltungszustandes wichtige politische Ereignisse der unmittelbaren Nachkriegszeit. Am 19. Mai 1945 erfolgte hier durch den sowjetischen Stadtkommandanten Bersarin die Amtseinführung des neuen demokratischen Magistrats von Groß-Berlin. Dieser arbeitete im Gebäude, gleichzeitig Tagungsstätte der Stadtverordnetenversammlung, bis zur Verwaltungsspaltung 1948, nachfolgend der Ost-Berliner Magistrat bis zum Umzug ins wiederhergestellte Rote Rathaus im Jahre 1955. Hier wurde der in der DDR allmächtige Freie Deutsche Gewerkschaftsbund FDGB 1946 auf den Weg gebracht. Auch das Gründungsdokument der Freien Deutschen Jugend FDJ mit ihrem Ersten Vorsitzenden Erich Honecker ist am 7. März 1946 im Festsaal unterzeichnet worden. Die Organisation existiert, nun mit Kleinbuchstaben fdj geschrieben, bis auf den heutigen Tag.

In der Nachkriegszeit bezeichnete der Osten das Gebäude durch seine Nutzung sinnfällig als »Neues Stadthaus«, dem »Alten« gegenüberliegend. Erfreulicherweise dachte niemand an die Entfernung des bildnerischen Schmucks, der uns noch gegenwärtig auf die ursprüngliche Nutzung hinweist.

Wider den Krieg

Vergessen dürfen wir auch hier nicht den Abriß der Altbausubstanzen zwischen Jüden- und Klosterstraße. Das kleinste Haus in diesem Abschnitt der Parochialstraße trat in den 20er Jahren noch einmal in den Vordergrund. Ein gewisser Ernst Friedrich, der 1924 eine Photodokumentation »Krieg dem Kriege« herausgegeben hatte, erwarb 1925 das baufällige Haus Nr. 29 und eröffnete in ihm ein Antikriegsmuseum. Über der kleinen Tür waren Arme zu sehen, die ein Gewehr zerbrachen. Ein deutlich anderes, aber sehr verständliches

Hauszeichen. Keine Verherrlichung und Glorifizierung des Krieges, kein Abheben auf irgendeinen militärischen Stolz, keinerlei Augenwischerei über den so grausamen Ersten Weltkrieg. Eine ergreifende Dokumentation gegen Krieg und Militarismus im »friedlichen« Deutschland der Weimarer Republik. Übler Bauzustand außen mit Schandfleck im Inneren. Aber nicht aus diesem Grund wurde gleich der ganze Straßenzug abgerissen.

Zunächst besetzten die braunen Machthaber das erbärmliche Haus. Auf einem Foto sind vor dem Gebäude, von dem die Museumszeichen bereits abgeschlagen sind, ein paar Uniformierte zu sehen. Bald kommen neue Lettern an die alte Fassade. Richard-Fiedler-Haus. Ein SA-Sturmführer der Standarte 6, vormals enger Freund von Horst Wessel, der wiederum im Februar 1930 im Krankenhaus Friedrichshain an den Folgen einer Schußverletzung starb. Dieser zum Märtyrer stilisierte Wessel ging aus dem Sturm von Fiedler hervor und baute einen eigenen in Friedrichshain auf. Er wohnte ursprünglich gleich um die Ecke, in der Jüdenstraße. Das Haus mit der Nummer 51/52 gehörte der Kirchengemeinde von St. Marien und St. Nikolai. Der Vater war nämlich Pfarrer und nahm eine Stelle in der Nikolaikirche an, wodurch die Familie mit dem jungen Horst nach Berlin zog. Dr. Wilhelm Ludwig Wessel verstarb 1922 an den Folgen der Weltkriegsverletzung, sein Sohn durch die Auseinandersetzungen zwischen Rot und Braun. Straßen und Plätze, Einrichtungen und Gebäude trugen seinen Namen, Neugeborene bekamen den Vornamen Horst. Nach Fiedler hieß lediglich ein abbruchreifes Haus. Nach dem Abriß im Zuge des Neubaus wurde der Name nicht einmal auf ein anderes Gebäude übertragen.

Das Antikriegsmuseum jedenfalls überdauerte mit Unterbrechungen die Zeiten. Ernst Friedrich wollte es nach dem Ende des Weltkrieges sinnfälligerweise in der Ruine der Kaiser-Wilhelm-Gedächtniskirche einbringen. Die Stadt lehnte das Ansinnen ab: Dies sei nicht das geeignete Domizil und müsse als Einrichtung letztlich privater Organisation vorbe-

Die »Umfunktionierung« eines Anti-Kriegsmuseums
zum Richard-Fiedler-Haus der SA, März 1933

halten bleiben. Ernst Friedrich lebte übrigens als französischer Staatsbürger bis zu seinem Tod 1967 in Paris. Sein Enkel begann 15 Jahre danach in Kreuzberg mit Wiederbelebungsversuchen. Derzeitiger Museumsort ist nach einigen Umzügen der ehemals »Rote Wedding« geworden, Müllerstraße 158. In einer Museumslandschaft wie der in Berlin geht eine Einrichtung wie diese fast völlig unter.

Jüdenstraße und Jüdenhof

Das Haus, in dem Horst Wessel seine Knabenzeit verbrachte, existiert genausowenig wie der um die Ecke mit Zugang von der Jüdenstraße gelegene Große Jüdenhof. Beide Namen sind übrigens in der Zeit des deutschen Faschismus nicht getilgt worden, was bei dem Vernichtungszug gegen das Judentum eher verwundert. Auf dem Straßenschild stand 1936: *Grosser Jüdenhof – Benannt nach dem abgesonderten verschließbaren Wohnsitz der Juden (Ghetto) im mittelalterlichen Berlin*. Noch erstaunlicher der Fakt, daß der Jüdenhof 1937/38 saniert worden ist, wenn man auch wegen des Neubaus der Feuersozietät die Nummern 1–5 abgerissen hat. Die einst windschiefe Akazie wurde sogar nachgepflanzt und ist der einzige Hinweis auf diesen Ort. Wer heute von der Jüdenstraße zur Rückseite der ehemaligen Feuersozietät läuft, findet den Baum, dessen Vorgänger in einem 1931 enthusiastisch gefeierten und 1997 wieder aufgelegten Zeitroman Erwähnung fand. *Miermann ging … am Wasser entlang bis zur Waisenbrücke, sah die Silhouette des Stadthausturmes am rötlichen Himmel. Er ging über die Brücke, ging die Stralauer Straße entlang, nur die eigenen Schritte waren zu hören, trat einen Augenblick in den großen Jüdenhof. Der große Baum beschattete die alten Häuser, aus den Fenstern kam Licht. Miermann spürte entsetzliches Heimweh. Von der Parochialkirche tönte es »Üb' immer Treu und Redlichkeit«. Miermann umarmte den Baum. »Hilf mir«, sagte er zu dem Baum, »hilf mir«, er schämte sich nicht vor dem Baum, dieser*

Der Große Jüdenhof 1915 (oben) und 1960

Baum war gut, er verbarg ihn, gab ihn nicht der Schande preis, verlangte nicht Haltung von ihm, Spott und Tüchtigsein ... Er ging zurück durch enge alte Gassen. »Das alles«, dachte er, »wollen sie abreißen, alles, das alles sollen Bürohäuser werden.« Am Molkenmarkt standen schon Häuser leer. »Ich kannte diese Stadt noch«, dachte er, »als sie noch aussah wie eine Stadt, als man noch nicht Haus um Haus abgerissen hatte, als noch das Wollager im Hohen Haus war und Planwagen in der Klosterstraße standen ... [19] Die vom Zweiten Weltkrieg übriggebliebenen baulichen Reste sind erst zu DDR-Zeiten abgerissen worden. Damit hat letztlich der antifaschistische Osten den Jüdenhof endgültig beseitigt. Parkplatz mit einzeln stehendem Baum. Ein schwer zu begreifender Ort. Als einziges blieb der Name der Jüdenstaße übrig, eine der ältesten Straßen in dieser Stadt, die daran erinnert, daß diese Gegend auch schon im Mittelalter zahlreich Juden bewohnten, verachtet und mehr bedroht als andere, jedoch nützlich für das Handels- und Geldgeschäft.

Die Parochialkirche

Verlassen wir diesen Ort und gehen über die Parochialstraße Richtung Podewil, das über der Flucht gut auszumachen ist. Rechter Hand steht ein Kirchenbau, der etwa zur gleichen Zeit errichtet wurde. Nicht sehr einladend wirkt das sakrale Gebäude an der Klosterstraße. Der Eingangsbereich ist eingerüstet, das Äußere zum Teil nur fertig. Rechts ein Parkplatz. Doch Ruinöses zieht, bei soviel Ganzheit in der Stadt, bekanntermaßen an. Und hinein, denn die Kirche ist geöffnet. Betreten wird eine Vorhalle, deren Decke durch Kreuzgratgewölbe geprägt ist. An den zum Teil mit Muster gestrichenen Wänden befinden sich vier Epitaphien. Das sind keine Grabmäler im eigentlichen Sinne, denn weder dahinter noch darunter sind die Verstorbenen aufgebahrt; diese Gedächtnisplatten sollen vor allem an die Toten erinnern. Wir werden sie uns einmal in Ruhe betrachten, denn es gibt ansonsten kaum Kunstwerke zu schauen. Was die Eingangshalle verspricht, kann nämlich in der Kirche nicht gehalten werden.

Zur Rechten, neben dem Eingang zum Kircheninneren, ein sehr kunstvolles Epitaph. Ein Medaillon mit dem Doppelbildnis des hier geehrten Paares ziert die Tafel im oberen Bereich. Georgius Berchem und seine Frau sind im Profil und sehr plastisch gearbeitet, seitlich flankiert durch zwei geflügelte Kinderköpfe. Der Tod in Form eines Gerippes mit Mantel schwebt über den Verstorbenen und hält beidseitig ein Wappen. Unter dem Grabtafeltext sind dem Ganzen noch zwei Engel beigeordnet, die das Drastische der obigen Darstellung etwas mildern. Sie lagern auf dem Gesims und unterstreichen durch ihren Ausdruck das Schmerzhafte und Leidvolle der Situation. Auf der linken Seite vom Durchgang zur Kirche ein Epitaph mit ähnlichen Gestaltungsmitteln. Dort finden wir als unteren Abschluß der Tafel einen Totenschädel mit fledermausartigen Flügeln vor, gekreuzt von zwei blanken Knochen. Die Kunstepoche des Barock, in dessen Spätzeit die beiden Epitaphien gehören, führt uns den Tod mit sehr eindringlichen Symbolen vor. Ein Schauer durchlief den Gläubigen vergangener Tage. Wie gemildert und – man ist geneigt zu sagen – freundlicher dagegen die Darstellung auf der gegenüberliegenden Seite. Da lehnt ein ungeflügelter Knabe an einer Urne, den linken Arm aufgestützt und die Faust im Auge. Die Charakterisierung ist nicht ohne Trauer, so als sei er in ihr tief versunken. Die Totenschädelrigorosität der vorangegangenen Kunstepoche ist weg. Die Darstellungen sind durch den Geist der Antike aufgebrochen, der Tod wird wieder als Bruder des Schlafes gesehen und häufig genug auch so gezeigt. Da möchte man, so damalige Zeitgenossen, sogar hie und da mit niedersinken. Der Knabe hält übrigens einen Stab mit einer Schlange, Symbol der Reinlichkeit und Medizin, denn der hier geehrte Friedrich Wilhelm Daniel Muzel (1716–1784) war Leibarzt Friedrichs II.

Durchschreiten wir die Tür zum Kirchenraum, so bietet sich ein jammervoller Anblick. Über 50 Jahre nach dem Zweiten Weltkrieg immer noch Spuren der Zerstörung. Keinerlei Vorwurf an die Gemeinde! Eher an die Geschichte, aber der kann man bekanntlich keinen Vorwurf machen, sondern den Menschen, die sie prägten. Bei ruinösen barocken Kirchen stellt sich noch keine Romantik ein, bei den mittelalterlichen hingegen ist es auch über die Malerei ein schon vertrautes Bild. Der Anblick der Klosterkirche ist so gesehen weniger schockierend.

Wir stehen in einem Zentralraum, der um ein rechteckiges Zentrum vier halbrunde Nischen aufweist, von der Fachwelt Konchen genannt. Doch von dem Tetrakonchos spürt der die Kirche Umschreitende wenig. Bei einer Außenbegehung wird man diese halbrunden Ausbuchtungen nicht sehen, denn sie sind polygonal, d.h. vieleckig gebrochen. Kein Putz liegt innen auf den Wänden. Drehen wir uns nach dem Eingang um, sehen wir Löcher im blanken Mauerwerk, die auf den Einbau einer Orgel verweisen, die ja sehr häufig im Westteil der Kirche angebracht wurde. Über den drei Treppenstufen zur Ostkonche hängt ein großes Metallkreuz von Fritz Kühn, einem in Ost-Berlin bis zu seinem Tode vielbeschäftigten Metallformer, der für eine 1961 anläßlich des Kirchentages gezeigte Ausstellung »Werkkunst und Kirche« diese kreuzförmige Stahlrohrbündelung fertigte. Der Mittelpunkt der Kirche wird von einem offenen Dachstuhl überfangen, denn die Wölbung ist restlos zerstört und nur noch in Ansätzen zu erahnen. Wir stehen im eigentlichen Kirchenraum der Parochialkirche.

Es hatten sich mit der Zeit soviele Reformierte aus den intoleranten Ländern in Berlin angesammelt, und auch die Gemeinde in sich hatte sich derart vermehrt, daß nicht mehr alle Mitglieder in der Hof- und Domkirche Platz fanden; dies war damals das einzige Gotteshaus für die Bekenner des reformierten Glaubens. [17] Damit sind nicht die Lutheraner gemeint, sondern jene nach dem Reformator Calvin benannten Calvinisten. Eine, wenn auch kleine, Anhängerschar entstand allein durch den Umstand, daß Kurfürst Johann Sigismund im Jahre 1613 vom lutherischen zum reformierten Bekenntnis übertrat, dem das Kurhaus und größtenteils der Hof folgte. Die Mark durfte lutherisch bleiben, da der Kurfürst auf sein Recht verzichtete, seine Untertanen zum neuen Glauben zu zwingen. Der Gegensatz zwischen dem kurfürstlichen Hof und der Doppelstadt Berlin-Cölln hatte sich nun auch religiös herausgebildet. In den Stadt-Neugründungen wurden demzufolge auch reformierte Kirchen eingerichtet. Doch das eigentliche Berlin bestand ja schon. Mit dem fadenscheinigen Argument, das Glockengeläut vom Dom zu überhören, kommen wir der Bauabsicht einer reformierten Kirche auf Berliner Seite nicht näher. Weil sich befürchten ließ, daß Kurfürst Friedrich III., um wie der sächsische Kurfürst König zu werden, den Glauben, vielleicht gar zum Katholizismus wechseln könnte und demzufolge die Hofkirche den Calvinisten nicht mehr zur Verfügung stand, wurde der Landesherr gebeten, den Neubau zu genehmigen und zu fördern. Selbstredend behelligte niemand den Regenten mit solch einem Argument. Der Kurfürst, der übrigens Calvinist blieb, ließ sich mit 10.000 Talern nicht lumpen, und selbst die Kurfürstin spendete aus der eigenen Schatulle 1.000 dazu. Aber auch die Einzahlung durch finanzkräftige Mitglieder der Gemeinde ließ das benötigte Geld nicht schnell genug zusammenkommen. Sogar im Ausland wurden Kollekten veranstaltet. Daneben zweigte der Kurfürst für das neue Gotteshaus Strafgelder ab, die alle Prozeßverlierer bezahlen mußten. Friedrich III. bestätigte noch im Jahre der Gemeindegründung den Kaufvertrag für den Bauplatz. In Vorbereitung dessen widerfuhr der *wüste(n) Hausstelle, mit dazugehörigen Hintergebäuden und was darin erd-, mauer- und nagelfest ist,* der Abriß. Hier wohnte zuvor der vom Großen Kurfürsten angestellte Alchimist Johann Kunckel, der *rare Gläser liefern* sollte und dem es auch nicht gelang, den Goldgehalt der Staatskasse zu mehren. Des Kurfürsten Sohn Friedrich ordnete nach dem Tod des Vaters eine Untersuchung an und forderte im Zuge dessen eine Rückzahlung von 8.000 Talern. Das hiesige Haus durfte Kunckel da-

Kircheninneres der Parochialkirche vor dem Umbau 1884

für verkaufen. Nun wich es dem Kirchenbau der 1694 auf Berliner Seite geschaffenen reformierten Gemeinde. Der Kurfürst wählte nicht nur den Hof-Architekten Johann Arnold Nering (1659–1695) als Baumeister aus, sondern als Anhänger des Glaubens auch den 15. August 1695 zum Tag der

Grundsteinlegung, über die wir gut informiert sind. *Nering ordnete im Ganzen vier Zelte an, deren größtes in der Mitte Aufstellung fand und für den Kurfürsten bestimmt war ... Die Baugrube war bereits ganz ausgeschachtet, so daß man von der Straße eine Rampe hinuntersteigen mußte ... Um 9 Uhr nahte unter Glockengeläut der kurfürstliche Hofstaat ...* Kurfürst Friedrich III. liebte große Auftritte. Deshalb legte er auch selbst den Grundstein. *Die Kurfürstin und die Prinzen gaben sodann Hammerschläge ab, worauf der Prediger ein Gebet sprach ... Nun ergriff der Geheime Rat von Berchem das Wort ...* [17] Wir betrachteten sein Epitaph in der Vorhalle. Der Landesherr wohnte nicht unbedingt jeder Grundsteinlegung bei. Doch dieser lag etwas besonderes zugrunde: Es handelte sich um den Bau einer Kirche des calvinistisch-reformierten Glaubens, dem der kurfürstliche Hof angehörte.

Wer auf einen herkömmlichen Patronatsnamen hofft, ist enttäuscht. Die Kirche wird Parochialkirche geheißen. Die Parochie ist der Amtsbezirk eines Geistlichen. Einen abgesteckten Kirchenbezirk gab und gibt es jedoch nicht, denn die Gemeinde war und ist eine Personalgemeinde, die sich ausschließlich durch ihre Mitglieder bildet und nicht durch Personen aus einem bestimmten räumlich eingegrenzten Kirchengebiet. Der Kurfürst verlieh ihr umfangreiche Privilegien, die unter anderem auch darin bestanden, daß die Gemeinde dem Landesherren nicht rechenschaftspflichtig war, das Patronatsrecht vollkommen und unbeschränkt besaß und sich ihre Prediger und Schullehrer frei wählen durfte.

Da Nering schon am 21. Oktober 1695 verstarb, vollendeten mit starken Veränderungen andere Architekten den Kirchenbau bis 1703. Die Errichtung des dazugehörigen Glokkenturmes an der Straßenfront der Kirche dauerte aber noch bis 1714, einschließlich der Einbringung des einzigartigen Glockenspiels, das Neujahr 1715 erstmals erklang. Die Gehörmuscheln der Kommissionsmitglieder wurden dabei erheblich strapaziert, was die Einschätzungen der Glocken als »stumpf«, »halbpassabel« oder »schnarrt« belegen. Der hiesige Glockengießer Jacobi mußte bis auf zwei alle zurücknehmen. Der Auftrag zur Herstellung der neuen Glocken ging nach Amsterdam. Kurfürst Friedrich III. hatte seit seinen Jugendtagen, die er größtenteils in jenem Land verbrachte, aus dem seine Mutter stammte, eine Vorliebe für das holländische Glockenspiel. So kaufte er sich, auf den Thron gekommen, für 20.000 holländische Gulden (ca. 8.000 Reichstaler) eines ohne Glocken, denn diese sollten im eigenen Land hergestellt werden. Der dazugehörige Glockenturm war nicht anders als am Stadtschloß zu denken. Jedoch scheiterte Andreas Schlüter am Baugrund und damit auch an der Aufrichtung. Der Soldatenkönig als Nachfolger schenkte die gesamte Mechanik samt Glocken der Parochialkirche, die somit neben dem beeindruckenden Turm als sichtbarem Wahrzeichen der Gegend auch noch ein hörbares bekam. Doch hatte die im Volksmund so genannte »Singuhrkirche« auch weniger stark begeisterte Anhänger, denen die Viertelstundenschläge und Melodien aufs Gemüt schlugen. Seit der Weltkriegszerstörung ist Berlin um eine ehemals sehr populäre Attraktion ärmer. Aber die Gemeinde verlor nicht nur den Turmaufsatz, sondern durch den Mauerbau fast zwei Drittel der über die Stadt in alter Tradition verteilten Mitglieder. Die seit der 1950 erfolgten widerrechtlichen Sprengung der Kirche mutterlos gewordene Georgengemeinde, der man daraufhin gar den Wiederaufbau der Klosterkirche für ihre Zwecke in Aussicht stellte, ging schließlich durch Beschluß der Kirchenräte 1968 mit dem Parochialgemeinderest Ost-Berlins zusammen. Ein neuer gemeinsamer Überlebenskampf begann. Der zwar wieder mit Schiefer gedeckte, aber kaum anheimelnde Kirchenraum wurde seit 1970 an ein Möbellager vermietet, weil dadurch die Sicherung der Kirche durch die Nutzer nahelag. Daraufhin planten Leute ohne Absprache mit der Kirchenleitung kühn eine Museumsnutzung in Anbindung an das HdjT. Erst am 31. März 1991, Ostersonntag, fand wieder der erste Gottesdienst im Hauptraum der Kirche statt.

Die Baulücke zwischen dem Sakralbau und dem Geschäftshaus Gebrüder Tietz ist groß. Platz genug für das im Krieg zerstörte Pfarrhaus, das in seinem ruinösen Zustand um 1950 abgerissen wurde. Gegen Ende des Jahrzehnts war dort vom Magistrat an einen Erweiterungsbau für den im Stadthaus befindlichen Ministerrat gedacht worden. Der Zwangsverkauf ließ sich finanziell schmackhaft abfedern: Statt 2,50 Mark für den Quadratmeter zahlte der Erwerber 77 Mark, jedoch auf ein Sperrkonto. Der Neubau kam nicht, dafür ein bewachter Parkplatz für die Regierungsgebäude. Dieser sollte einer anderen Überlegung zufolge einem Neubau für das Stadtarchiv weichen: Baubeginn 1981. Der Parkplatz existiert noch heute, obwohl es nach dem Fall der Mauer andere Pläne gab.

Die Restitution anmeldend, versuchte die Kirche auf ein Investitionsvorrrangverfahren zu setzen. Die Theologische Fakultät der Humboldt-Universität (jetzt im Altbau) sollte in den Neubau Klosterstraße 65 ziehen. Das gesamte Nutzungs- und Sanierungskonzepzt der Kirche war davon abhängig. Doch zunächst mußte die Eigentumsfrage geklärt werden. Gehört das Stadthaus dem Bund wegen der Ministerratsnutzung oder Berlin als neuem alten Besitzer des Stadthauses? Die Klärung verzögerte sich, der Senat pokerte zudem, und das Projekt stürtzte letztlich ab. Welch glücklicher Umstand, das die Deutsche Stiftung Umweltschutz zu Versuchszwecken historische Putzmixturen ausprobiert, wodurch mit diesen Mitteln bis 1998 wenigstens der Außenputz fertig wird. Der Turmaufsatz ist vorerst geplatzt. Und die Außenanlagen um die Kirche müßten ebenfalls gemacht werden. Das Grünflächenamt spricht zwar diesbezüglich mit, unterstützt aber finanziell nicht. Immerhin steht auf dem Gelände der älteste Baum der Innenstadt. Der Standort dieses Walnußbaumes ist jener Parochialkirchhof, der zugleich der älteste erhaltene Friedhof auf dem Altstadtgebiet von Berlin ist. Allein der Atmosphäre des Ortes wegen, sollte ein kurzer Aufenthalt eingeplant sein.

Eine Pause gefällig? Dann »Zur letzten Instanz«. Eine Instanz ist ja schließlich eine zuständige Stelle. Und da es eine Kneipe ist, für Hunger und Durst. Aber warum die Letzte? Wem wird denn bange werden. Vorsichtigen Gemütern sei empfohlen, den Komplex erst einmal zu umrunden. Er besteht aus vier kleinen Häuschen, die direkt an die mittelalterliche Stadtmauer gesetzt worden sind. Wurden eigentlich auch von der anderen Seite Häuser angebaut? Die Frage läßt sich vor Ort schwer beantworten. Der Straßenzug ist nicht mehr komplett bebaut und zeigt in dieser Unvollständigkeit die Übel von Weltkriegseinwirkung und Abriß. Beim Betrachten des historischen Gebäudeensembles schleicht sich sofort das behagliche Gefühl ein, wie schön doch das alte Berlin gewesen sein mag. Viele werden den Verlust solcher kleinteiligen Häuser bedauern, weil ihnen in Berlin die Stadtromantik fehlt. Nichts gegen Gefühle, aber die Schwierigkeit besteht doch darin, daß solche Häusergruppen beim bloßen Betrachten nichts mehr von ihrer Sozialgeschichte erzählen. *Vor allem aber, die Bürgerhäuser sind so häßliche, dürftige Nutzbauten; man kann lange Straßenzüge passieren, ohne den unerquicklichen Eindruck zu verlieren: das ist ein etwa 1750–1800 schlecht und billig erbautes Städtchen. Nirgendwo ein hübscher Giebel, eine geschmückte Fassade, ein paar übermütige Kartuschen oder ein lustiges Erkerchen; nur nüchterne Häuser aus dürftiger Zeit, und über jedem könnte der Spruch stehen, den ich einmal vor langen Jahren an einem Haus in einem thüringischen Flecken so oder ähnlich gelesen habe: »Ach Gott, es ist dir wohl bewußt,/Ich baut aus Not und nicht aus Lust.« … Kurz, diese älteren Stadtteile sind weder reinliche Gegenwart noch farbige Vergangenheit, sondern die richtige charakterlose Halbvergangenheit.* [11] So notierte sichs Karl Emil Franzos (1848–1904) im August 1901 in seinen Block, der Aufrichtigkeit halber seis gesagt: in Dessau.

Viele Straßen und Gassen dieser Gegend der Altstadt ver-

Hans Baluscheks Blick 1927 in die Waisenstraße,
rechts der Parochialkirchhof

schwiegen durch ihren Bauzustand und ihre Enge auch nicht die Zeit, aus der sie stammten. Sie standen in einem schlechten Ruf, der allein schon gesundheitsschädigend zu sein schien. Gar mancher wendet sich mit Grausen ab, wenn er im Prenzlauer Berg gezeichnete Häusergruppen sieht. Da wohnen noch Leute drin? Hier wäre die Benutzung von Plastikbeuteln zu empfehlen gewesen. Zum Übergeben. So verliert sich heutzutage beim Betrachten solcher Häuser jedwede Romantik. Um der Gegend mit Stadthygiene beizukommen, war die gesündeste Androhung wohl Totalabriß. Altstadtsanierung gehörte zu Recht ins Fremdwörterbuch. Wer hätte solches bezahlen sollen? So setzen seit 1900 Planungen ein, durch Abriß und Neubauten der Gegend aufzuhelfen. Wir werden davon noch hören.

Diese vier Häuser entzogen sich augenscheinlich der endgültigen Beseitigung, selbst nach dem Zweiten Weltkrieg, als sie ziemlich zerfleddert waren. Dann wurde ihnen gar die Gnade der Wiederherstellung zuteil. Für sozialistische Wohnzwecke wohl ungeeignet, denn die neue Gesellschaftsordnung wollte solche Bauten der Vergangenheit eigentlich nicht beerben. Doch halt. Schriftstück des Magistrats: *Vorschläge für die Nutzung von Bauwerken, die unter Denkmalschutz stehen – Berlin, 24. VII. 1954.* Unter Punkt 15 *Waisenstraße 14, 15 und 16 (einschließlich der alten Gaststätte »Zur letzten Instanz«). Ein Teil dieser Bebauung ist noch vorhanden. Wiederherstellungskosten geschätzt auf ca. DM 240.000,–. Ehemalige Nutzung: Wohnhäuser. Vorgeschlagene Nutzung: Wohnhäuser.* (III)

Daraus ist letztlich nichts geworden. Also blieb die gastronomische Nutzung. Die hatte schließlich eine lange Vorgeschichte. Zunächst erfolgte ab Mai 1961 wegen des schlechten Bauzustandes und Schwammbefalls der fast komplette Abriß der ruinösen Substanz. Ein Jahr später, heißt es heutzutage oft, war alles wieder originalgetreu aufgebaut. Dem war jedoch keineswegs so, denn im Detail gab es Abweichungen im Überfluß. Nr. 13 trug nie ein drittes Geschoß, und Nr. 16 bestand ursprünglich aus mehr als nur drei Fensterachsen, ja es überragte die »Letzte Instanz« in Nr. 15 gar mit einem vierten Stockwerk. An der Nr. 15 entdecken wir drei steinerne Hauszeichen, die von fröhlichen Zechern künden. Auch sie bekamen an der Fassade einen neuen Platz. Alle Häuser wurden beim Wiederaufbau miteinander verbunden und somit der ausgeweiteten Gastronomie nutzbar gemacht. So blieb an historischer Stätte ein Stück altes Berlin erhalten. Nach dem Eintritt drängt sich nicht der Eindruck auf, die Kneipe sei auf Alt getrimmt; sie ist es einfach. Der Tresen trägt auf der Zapfsäule eine Figur in Rüstung, die als Urvater aller Kopien in Ost-Berlin herhalten mußte. Der Ofen erwärmt beim Anblick, auch wenn er nicht heizt. Ein prächtiges Majolika-Stück, wohl aus Berliner Produktion. Aus welcher Zeit es genau stammt, wird unterschiedlich angegeben. Das gilt übrigens für viele Dinge. Wer sich durch die Auf-

Waisenstraße 14–17
in den 30er Jahren

Die Waisenstraße
am 3. April 1952

zeichnungen und die Literatur kämpft, stößt auf einen Wust von Zahlen. Im Dunkel der Vergangenheit bleibt da vor allem auch das geheimnisvolle Jahr des Ursprungs der Gastronomie-Legende. Auf einem Faltblatt des Hauses lesen wir: *375 Jahre Zur letzten Instanz, Ältestes Lokal Berlins seit 1621.* Und innen: *Der Ursprung geht in das Jahr 1621 zurück, als ein ehemaliger Reitknecht des Kurfürsten* (Georg Wilhelm, regierte 1619–40) *hier eine Branntweinstube eröffnete.* Wen beschleicht da nicht der Zweifel, an der Stadtmauer solch ein Lokal zu vermuten, zumal sie immer noch ihre Funktion zu erfüllen hatte. Die Berliner Denkmalpflege erwähnt in ihrer Liste aus dem Jahre 1995, daß die Wohngebäude Ende des 17. Jahrhunderts gebaut wurden und bereits in der ersten Hälfte des 18. Jahrhunderts Erneuerungen und Umbauten erfahren haben. [18] Für die Erbauungszeit um 1680 spricht auch, daß die neue Festungsanlage im Ernstfall schon benutzbar gewesen wäre, wodurch einer Bauerlaubnis an der mittelalterlichen Mauer nichts entgegenstand. Ohne Hof und Hintergebäude entstanden nun zahlreiche Häuschen.

Ohne das in der Nachbarschaft gelegene Gerichtsgebäude ist der historische Name nicht zu denken. Also möchte man hinter mancher Jahreszahl der Erwähnung der »Letzten Instanz« ein Fragezeichen setzen. Seit 1924 ist der heutige Kneipenname ganz sicher nachzuweisen. Davor wechseln die Namen, wenn auch nicht so häufig wie ihre Besitzer. Auf einer Photographie von Heinrich Zille, der diese Gegend mal nicht mit dem Zeichenblock, sondern der Kamera erkundete, lesen wir im Jahre 1902 »Restauration von Marie Beil«. Auch andere Fotos belegen diesen Namen am Haus Waisenstraße 15. 1899 zieht der Schlossermeister Heinrich Beil in das Haus, das der Witwe Jochem gehört und in dem eine Marie Arndt als Schankwirtin geführt wird. Dann taucht im Adreßbuch Heinrich Beil als Gastwirt auf, an der Fassade aber Marie Beil. Offensichtlich sind sie den Bund der Ehe eingegangen, wofür es aber keinen Beleg gibt. 1904 wird Heinrich Beil im Hause nicht mehr gezählt. Der Gastwirt hat obendrein gewechselt. Doch auch Herr Grob ist als Kneipier nicht von Dauer. Der Schlosser Beil zieht in die Johannisstraße 13. Da die Gastronomie bis heute fortbesteht, überlebten mit ihr auch diverse Ungenauigkeiten, die Material für Legenden bieten. Dem Zustrom an Gästen tut dies keinen Abbruch, und jedem sei der urige Ort auch weiterhin wärmstens empfohlen.

Daß die Kneipe vor dem Fall der Mauer zur Handelsorganisation HO gehörte, war kaum zu spüren. Es kam eben immer darauf an, wer vor Ort Regie führte. Die »Wernesgrüner Bierstuben«, der »Ratskeller« und die »Alte Münze« bildeten mit der »Letzten Instanz« einen HO-Komplex. Als es in der turbulenten Wendezeit darum ging, eine GmbH zu bilden, schlug der Serviermeister Rainer Sperling, der im November 1987 in der »Instanz« einstieg, eigene Wege ein. Mit persönlichem Erfolg. Und nicht ohne seine Frau. Beide führen Gastronomie-Berufe im Gepäck, aber das ist heutzutage nicht mehr entscheidend. Der Gastwirt ist halt ein freier Beruf. Wer will und kann, legt los und macht seinen Wirteschein, den die IHK fordert. Der ist für Sperling in gut vier Stunden zu machen gewesen und war eine Art Belehrung. Ein Kinderspiel zu den Mühen des Abschlusses im Osten. Das ist übrigens Tatsache, keine Legendenbildung. Die früheren Kalkulationskarteien für die Küche sind längst ad acta gelegt. Die Umstellung war groß, aber machbar. Schlimmer dagegen waren die Steuern und Versicherungen. Selbst einem Bayern konnte widerstanden werden, der den Namen beanspruchte. Sich »Zur letzten Instanz« schützen zu lassen, mußte er für Berlin aufgeben. Was die Sperlings nicht aufgaben, war, den Kneipenkomplex zu kaufen. Seit dem 22. Dezember 1994 sind sie Eigentümer. Eigen ist dem Umstand eine längere Vorgeschichte. Wer besaß eigentlich diesen Komplex? Zunächst, so schien es, die Treuhand. Von ihr wäre die Gaststätte zu erwerben gewesen, aber bei der simplen Nachfrage, ob es der Treuhand überhaupt gehört, stellte sich heraus, daß diese lediglich den Rechtsträgernachweis hatte. Dank der Nachweise im Grundbuch kam das Land Berlin wieder in den Besitz der alten Grundstücke mit der wiederhergestellten Bebauung. Nun war die Sperlingsche Frage: Kauf oder Erbpacht. Ersteres ist besser aus der Sicht des Betreibers, letzteres besser aus der Sicht der Stadt. Schließlich konnten die 287 m einschließlich des 45 m großen Biergartens gekauft werden. Das lief immerhin über drei Senatsverwaltungen: für Finanzen wegen des Verkaufs, für Bauen und Wohnen wegen des Verkehrswertgutachtens, für Wirtschaft wegen des Gutachtens über die Betriebswirtschaft. Das Ausmaß an Verwaltungswegen sei dadurch sinnfällig verdeutlicht. Hin und her ging es auch vor kurzem, als nach den Vorstellungen der Eigentümer ein neues Kneipenschild die Fassade zieren sollte. Der Denkmalpflege waren die ursprünglichen und historisch nachzuweisenden 9 m zu breit. Sie bestand auf nur 6 m Ausdehnung und darauf, daß die Lichtaufhängung nicht zu sehen sein dürfe. Ein neuer Leidensweg schien sich anzubahnen, doch der Eigentümer ergriff die Initiative und »verpflanzte« die Strahler in die Blumenkästen. Seitdem erfüllen die Beleuchtungskörper ihren Zweck und sind vor allem nicht zu sehen. Zum Glück gehören die Blumenkästen nicht zum Ressort der Gartendenkmalpflege.

Daß sich die Stadt Berlin nach dem Mauerfall kurzzeitig ihres wiedererlangten Gebäudebesitzes freuen durfte und alsbald über den dafür erhaltenen Kaufpreis, hatte sie dem Engagement des jetzigen Eigentümers zu danken, was jedoch vom Besitzstand her nicht dem zu DDR-Zeiten üblichen Umstand der Überführung in Volkseigentum geschuldet war. Die Stadt bemühte sich mit einiger Anstrengung seit dem ausgehenden 19. Jahrhundert, ein paar Grundstücke in der Waisen- und Neuen Friedrichstraße aus Privatbesitz zu erwerben, um sie allesamt beräumen zu lassen.

Die Stadtverordnetenversammlung Nr. 14 des Jahres 1908 beschäftigte sich mit der »Vorlage zur Beschlußfassung betreffend Enteignung der Grundstücke Neue Friedrichstraße 93 und Waisenstraße 15 und 16«. Seit dem 26. August 1896 existierten die Fluchtlinien zur geraden Verlängerung der Parochialstraße zur Neuen Friedrichstraße. Eine Auflistung der Gräber an der Friedhofsmauer zur Parochialstraße vom 18. Juli 1863 befindet sich als letzter Hinweis auf den ursprünglichen Zustand in den Akten des Berliner Stadtarchivs. (VIII) Am 27. September 1888 kaufte die Stadt Berlin schließlich von der Parochialkirche diesen Teil des Grundstücks zur Erweiterung der Straße, wie wir sie heute noch vorfinden. Im Protokoll zum Straßendurchbruch von 1907 heißt es: *Die Ausführung schien uns bisher nicht dringlich, da aber das neue Verwaltungsgebäude* – also das Stadthaus von Hoffmann – *alsbald bezogen wird, ist mit stärkerem Verkehr zu rechnen – der jetzige 7–8 m breite Weg zwischen Waisenstr. 16 und 17 und Neuer Friedrichstraße 92 und 91 ist dafür zu eng.* (VII) Dann wird kühl gerechnet. *Wir glauben, diese Grundstükke im Enteignungsverfahren erheblich billiger erwerben zu können.*

Der Ankauf Neue Friedrichstraße 94 war 1898 für 425 RM/ m getätigt worden. Die betroffenen Eigentümer forderten nun folgende Summen: für die Neue Friedrichstraße 93 bei einer Fläche von 125 m insgesamt 90.000 RM, was einen Schnitt von 720 RM/m bedeutet. Für die Waisenstr. 15 ergaben sich gar 850 RM/m , da für die Grundstücksgröße von 75 m 37.000 RM gefordert wurden. Schließlich schlug die Waisenstr. 16 mit 120.000 RM bei 122 m zu Buche, was sogar einem Durchschnitt von 984 RM/m entsprach. Die Mittel für den Ankauf und die Enteignung sollten hierfür aus der Spezialverwaltung 36, dem Straßenlanderwerbungsfonds, genommen werden. (VII) Durch den Enteignungsbeschluß vom 23. Dezember 1910 gehörten diese Grundstükke definitiv seit 1911 der Stadt Berlin. Der Abriß und damit auch der Straßendurchbruch ist bis auf den heutigen Tag noch nicht erfolgt. Er ist längst Geschichte. Jetzt wird einiges klarer. So also lagen und liegen die Dinge mit den Besitzverhältnissen.

Noch einmal Stadtrand

Volltrunken von all diesen »Instanz«-Geschichten verlassen wir den Ort. In der Waisenstraße werden wir noch anderer Reste der ehemals mittelalterlichen Mauer ansichtig. So tragikomisch es klingt, es ist dem Zweiten Weltkrieg und seiner Zerstörung zu danken, daß die an ihr gebauten Häuser verschwanden und die Überbleibsel wieder zum Vorschein kamen. Die Ansichtigkeit hatte ihren Preis. Dadurch bemerken wir aber auch, daß schon in der Vergangenheit viel Flickschusterei herrschte, denn manche Stellen wurden mit Ziegelstein ausgebessert und neu aufgemauert. An einem Haus auf der anderen Seite betrachten wir ein Stück von einem alten Portal. Über dem aufgebrochen geschwungenen Giebel ein Fenster, darunter eine Tafel mit eingeritzter Inschrift: *Hospital der Evang. reform. Paroch. Kirche 1708*. Im Türrahmen die Jahreszahlen 1912–1913. Der Rahmen ist offensichtlich älter und bei diesem Neubau wieder eingesetzt worden. Das Hospital der Kirche, die um die Ecke steht, befand sich also hier. Doch daher kann der Name Waisenstraße nicht kommen. Straße? Eher Gasse, wenn wir uns die Bebauung komplett denken. In alten Akten steht jedoch noch die Bezeichnung Hinter der Stralauer Mauer. Die heutige Bezeichnung gibt es erst seit dem 31. Oktober 1861. Da war von der Mauer und einem »Dahinter« nichts mehr zu sehen. Stralau? Da fällt einem der berühmte Fischzug ein. Laufen wir die Waisenstraße weiter, stoßen wir auf die Stralauer Straße. Verlängern wir die mittelalterliche Mauer, so markiert uns der Schnittpunkt mit dem Verkehrsweg in etwa den längst verschwundenen Standort des gleichnamigen Stadttores. Auf Berliner Seite zählen wir insgesamt drei davon, im Bereich Hackescher Markt, Alexanderplatz und hier. Die Stralauer Straße ist ebenfalls eine der ältesten Straßen Berlins und führte zum alten Handelsplatz, dem heutigen Molkenmarkt. Oder führte von ihm weg, nämlich Richtung Stralau, einem kleinen Dorf auf einer Landzunge zwischen Spree und Rummelsburger See gelegen. Bekanntermaßen ein durchaus praktisches Verfahren, die Straßen und Stadttore nach ihren Zielorten zu benennen.

Die Steinmauer aus der Stadtwerdung Berlins hielt wohl lange Zeit, was sie versprach. Bis zum Dreißigjährigen Krieg, als feindliche Truppen die Doppelstadt durchzogen und plünderten. Mit solch einer Umwehrung war eine gute Verteidigung schlichtweg nicht möglich. Der Schaden hielt sich leider nicht in Grenzen. Bevölkerungsschwund, wüste Flekken innerhalb der Stadtmauer, Ernährungsprobleme, Krankheiten. Der Kurfürst, den man bald den Großen nennen wird, zog die einzig richtige Konsequenz. Eine Festungsanlage sollte es sein, wie sie die Mark Brandenburg noch nicht gesehen hatte. Der Typ von Verteidigungsanlage, den Friedrich Wilhelm ins Auge faßte, stammte aus dem fernen Italien und hatte sich bei einer zunehmend veränderten Militärtaktik und Kriegsführung mittels Kanonen bewährt. Statt weiterhin Türme und Wiek- oder Weichhäuser in der Stadtmauer zu plazieren, zogen die Kriegsingenieure Bastionen spitzwinklig aus der Festungsanlage heraus und boten damit erschwerte Angriffsmöglichkeiten. Dazu gehörte ein reichlich mit Wasser gefüllter Graben, mitunter noch ein Stück zusätzliches Außenwerk, der sogenannte Ravelin. Was sich im Mittelalter bewährte, sollte auch hier tragend sein: Der Bürger baut mit an der Sicherheit seiner Stadt. Nur war Berlin nicht mehr die stolze Bürgerstadt von einst, deren Stadtmauer auch den Landesfürsten abzuhalten vermochte. Dieser saß mittlerweile in seinem Renaissanceschloß und befahl die Errichtung der Festung, unter Einbeziehung all derer, die dazu noch in der Lage und fähig waren. Die Weitsicht des Regenten hatte ihre Grenzen. Der Festungsring ist zu eng um die bestehende Stadt gelegt worden. Berlin erholte sich von den Folgen des Krieges, und die Bevölkerung nahm wieder beträchtlich zu. Vorstädte entstanden vor der barocken Fortifikation, vom Kurfürsten zum Teil selbst angelegt. Die Benutzung solch einer Verteidigung wurde dadurch ganz offensichtlich erschwert. Kaum war der Schweiß getrocknet, der beim Bau aus den Poren trat, wurde das Arbeitshemd erneut mit der körperlichen Ausdünstung getränkt. Unter dem Soldatenkönig war eine Zollmauer um die gewachsene Stadt gezogen worden, und sein Sohn, der zweite Friedrich, ließ die Barockfestung endgültig schleifen. Übrig blieb der Festungsgraben, der sich mehr oder minder dahindümpelnd ins 19. Jahrhundert schleppte. Ein kühnes Projekt machte ihm schließlich den Garaus, der Bau der Stadtbahn. Die ursprünglich geplante Streckenführung ließ sich nicht realisieren. Eine billigere Variante mußte her: Keine aufwendigen Grundstücksankäufe, möglichst wenig Abriß. Dem Festungsgraben gings nun an die Substanz. Er wurde verfüllt; statt Dammaufschüttungen gemauerte Ziegelsteinbögen – und fertig waren die Viadukte für die Stadt- und Fernbahn.

Wer also vom Bahnhof Jannowitzbrücke über Alexanderplatz und Hackescher Markt in Richtung Museumsinsel fährt, der rollt auf einem Teil der barocken Festung entlang. Das Stralauer Tor wurde nur etwas nach außen verschoben und in der neuen Verteidigungsanlage erneut plaziert. Von der mittelalterlichen Stadtmauer sind uns noch Reste erhalten geblieben, von der Fortifikation des 17. Jahrhunderts beschreibt uns das Hilfsmittel Stadtbahn den Verlauf. Der Abstand zwischen beiden ist nicht allzu groß, das ist hier auch hörbar, denn der nächste S-Bahn-Zug kommt bestimmt.

Ein Straßenname

Da war doch noch was. Richtig, der Name der Waisenstraße. Auf der anderen Seite der Stralauer Straße steht jener große Verwaltungsbau, den Ludwig Hoffmann einst für die GASAG errichtet hat. Nachdem die Bedeutung der mittelalterlichen Mauer durch den Bau der großen Verteidigung gesunken war, konnte sie eben auch fallen. Dadurch entstand am Stadtrand ein etwas größeres Stück Bauland. Kurfürst Friedrich III., seit 1701 König Friedrich I., baute weiterhin am Festungswerk seines Vaters und erließ im Jahre 1695 ein Edikt wegen Abstellung der Bettelei, förderte jedoch zugleich die Schaffung einer Armenkommission. Zwei Jahre später faßte er den Entschluß, nicht nur ein Armenhaus für verwaiste Kinder, wahnwitzige, kranke und betagte Personen zu stiften, sondern wies auch gleich einen Platz dafür an. Und zwar dort, wo heute der GASAG-Bau steht. So begann Martin Grünberg mit der Errichtung des nach dem Kurfürsten benannten Friedrichshospital, jenem Waisenhaus also, nach dem erst relativ spät die Straße benannt worden ist. Sie führte ja direkt auf das Bauwerk zu, das Philipp Gerlach mit einem weiteren Flügel sowie einer Kirche mit Glockenturm versah und erst in der Regierungszeit Friedrich Wilhelms I. vollendete.

Die Stadtverordneten des späten 19. Jahrhunderts hatten dann genau hier den Bauplatz für das Stadthaus bestimmt, zu einer Zeit, als von einem Waisenhaus keine Rede mehr sein konnte, denn da wurde es schon anderweitig genutzt. 1821 hieß es noch im »Wegweiser für Fremde und Einheimische durch Berlin«: *Sämtliche im Hause befindlichen Waisenkinder empfangen Unterricht im Lesen, Rechnen, den gemeinnützigen Kenntnissen der Geographie, Naturgeschichte und Religion, im Schreiben und Zeichnen, wozu gegenwärtig 7 Lehrer angestellt sind.* Bei gut 100 Kindern ein wohl üblicher Schnitt. *Die lutherischen Kinder müssen ganz elternlos, die reformierten können auch nur vaterlos seyn. Außer den Schulstunden werden die größeren Mädchen zur Arbeit in der Küche und bei der Wäsche gebraucht. Die kleineren Mädchen nähen Hemden, Schürzen, u.s.w. fürs Waisenhaus, müssen auch ausbessern und stricken. Die Kinder haben auch ein Badehaus auf der Spree erhalten, wo sie unter Aufsicht zu bestimmten Zeiten im fließenden Wasser baden ... Mit dem Friedrichswaisenhaus ist die Impfungsanstalt ... verbunden. Im Jahre 1819 sind in dieser Anstalt 2054 Kinder geimpft worden. Bei diesem Waisenhaus ist ein sogenanntes kleines Institut für kleine Kinder vom ersten bis sechsten Lebensjahre, worin 40 bis 50 Kinder unterhalten werden.* [12]

Vor Zeiten gab es noch einen zweiten verbalen Verweis auf den Standort des Waisenhauses: die Waisenbrücke. Solange in diesem Bereich die Stadtgrenze lag, befand sich auf dieser Höhe der Spree das entsprechende Wassertor, der »Oberbaum«. Die heutige Oberbaumbrücke erinnert an die Verschiebung der Stadtgrenze im 18. Jahrhundert flußaufwärts.

Zunächst ein reiner Holzbau, hieß sie Brücke nach Neukölln, später Blocksbrücke. Die 1892–94 neu erbaute Überführung auf die andere Spreeseite fiel nach dem Zweiten Weltkrieg 1962/63 dem Abriß zum Opfer. Wer am Rolandufer steht, sieht noch die Reste der in Stein ausgeführten Verbindung, die als kleine Landzunge ins Spreewasser kragt. Eine heftige Debatte begleitete die Neufertigung von Brücken zum Mühlendamm und darüber hinaus. Der Streit rankte sich um die Höhe der Durchfahrt bei schiffbarem Hochwasser. Auf der Stadtverordnetenversammlung vom 8. Januar 1891 argumentierte Stadtbaurat Hobrecht: »*Die Geltendma-*

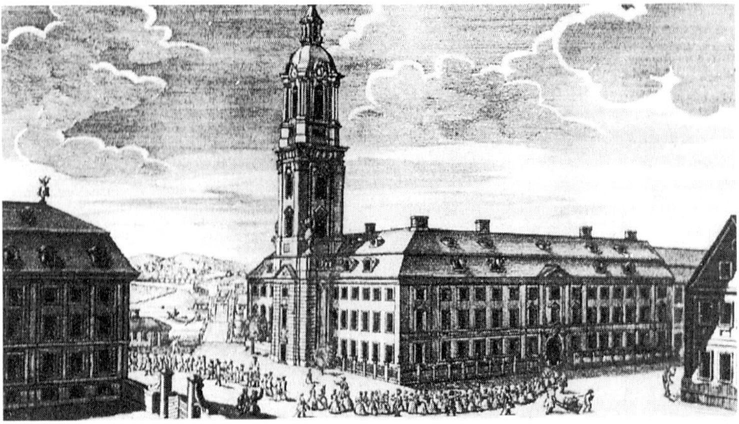

Das Waisenhaus um 1780

chung so einseitiger Interessen, wie die der Schiffahrt, wird uns von unserem wohlerwogenen Standpunkt nicht abbringen können.« (IV) Nach Verhandlungen mit der Staatsregierung schienen 3,20 m ausreichend zu sein, denn je höher die lichte Höhe, desto höher ja auch die Rampen, die zu den neuen Brücken aufgeschüttet werden müßten. An der Wallstraße gegenüber, so war zu hören, würde das bedeuten, die Erdgeschosse der Häuser zuschütten zu müssen. Auch um die Breite der Brükke schlugen die Argumentationswellen hoch. Auf 10 m projektiert, einigten sich die Versammelten schließlich auf das Doppelte. Die Stadtverordneten stimmen *dem Entwurf zum Umbau der Waisenbrücke, dessen Ausführungskosten überschläglich auf 1.050.000 M ermittelt sind, mit folgenden Maßgaben zu: 1. Die Achse der Waisenbrücke ist soweit stromaufwärts zu verschieben, daß dieselbe auf die Mitte der Straßenfront zwischen der verlängerten Wallstraße und der projektierten Verbindungsstraße trifft.* (IV) Damit ist das Stück zur Neuen Friedrichstraße gemeint. Was heute auf der Spree an Fracht dahintuckert, ist mit den Größenordnungen der Vergangenheit nicht zu ver-

Die Waisenbrücke 1925 mit dem Gebäude der GASAG

gleichen. Der Wassertransportweg war für Berlin erheblich. Der Lokalverkehr betrug zu Wasser 1887 insgesamt 4.228.000 Tonnen Eingang und 356.000 Tonnen Ausgang, per Bahn im selben Jahr 3.863.000 Tonnen Eingang sowie 587.000 Tonnen Ausgang. Die per Schiene aus der Stadt transportierten Güter brachten es noch ein Jahrzehnt zuvor auf über 1,5 Mio. Tonnen Gewicht. (V)

Der Waisentunnel

Am Wegesrand der Littenstraße/Ecke Voltairestraße ist etwas komisches zu bemerken. Da steht auf dem Bürgersteig ein Metallgeländer mit Tür und zäunt ein Gitter ein. Die Neugierde zieht einen hier förmlich zu Boden, und durch das Gitternetz wird selbige mit dem Anblick einer Treppe befriedigt. Ein verschlossener Abstieg. Soll der Zutritt zu einem unterirdischen Bunker verwehrt werden? Im Grunde genommen schon. Im Untergrund befindet sich ein Luftschutzbunker, der im Zweiten Weltkrieg vor Bombenhagel schützen sollte. Aber der unterirdische Raum ist nicht für diesen Zweck gebaut worden. Wer das Glück hätte, dort hinunter zu kommen, würde es beim Durchstreifen sehen. Nur Vorsicht, es könnte auch eine U-Bahn kommen. Leider erneut keine für den Nahverkehr. Ein fast fertiger U-Bahnhof liegt vor dem öffentlichen Interesse verborgen. Da der Erste Weltkrieg der Vollendung der GN-Bahn von Gesundbrunnen nach Neukölln mehr als hinderlich war, nutzten die nun herangezogenen Erbauer die Gunst der sich veränderten Stunde; sie planten einfach um. Die Bedeutung des Alexanderplatzes als neuer Verkehrsknotenpunkt bestimmte das umsichtige Treiben der GN-Bahnbauer. Dort sollte schließlich ein Kreuzungsbahnhof von mehreren U-Bahn-Linien entstehen, wodurch sich die Streckenführung der heutigen U 8 veränderte. Zunächst aber unterquerte die Tunnelröhre die Spree von der Brückenstraße zur Neuen Friedrichstraße. In ihr begann auf Höhe der Voltairestraße der Ausbau einer Station, die das oberirdische Umsteigen zur heutigen U 2 ermöglicht hätte. Dann sah die Planung die Fortführung mit einer Station an der ehemaligen Königsstraße zur Kaiser-Wilhelm-Straße vor, und durch einen Schlenker in die Münzstraße wäre der heutige Linienverlauf wieder erreicht worden.

Die Luftangriffe auf Berlin verhalfen dem Bahnhof Voltairestraße zu einer neuen Nutzung. Die Nationalsozialisten konnten gar nicht soviel unterirdische Schutzräume anbieten, wie es die Einwohnerzahl von über 4 Millionen erfordert hätte. Also wurden kurzerhand auch ungenutzte U-Bahn-Tunnelteile der U 8 in den Luftschutz einbezogen. Drei Tiefbunker mit jeweils über 1.000 Schutzplätzen entstanden unter der Dresdner Straße, im Abstellgleis am Hermannplatz und im Waisentunnel. Über 70 Zellen sind nach Aufgabe des einen Gleises eingebaut worden, denn es wohnten noch eine ganze Menge Leute hier. Heute gibt es im besprochenen Klosterviertel e i n e Ausnahme.

Zunächst war der Durchstoß des Tunnels unter der Spree

von der Jannowitz- zur Waisenbrücke kompliziert genug und 1918 fertig. Leider undicht. Die Bahnbauer bekamen nasse Füße und schauten feucht aus der Röhre. 67 m drangen täglich ins Innere. Die Linie wurde schließlich so vollendet, wie sie heute fährt. Der Tunnel bekam wenigstens die Chance, sich als Verbinder zu bewähren, da die AEG die GN-Bahn als Großprofilstrecke zu bauen angefangen hatte. Zwischen den Linien 5 und 8 können demnach problemlos Züge hin- und hergefahren werden. Nach einem Großbrand in der Kehranlage des Bahnhofs Alexanderplatz auf der Linie A am 4. Oktober 1972 konnte über den einspurigen Waisentunnel Ersatz einfahren. Die Linie 8 unterquerte nach dem Bau der Mauer Ost-Berlin als Geisterbahn. Zwischen Moritzplatz und Voltastraße fuhr sie ohne Halt, und nur noch im West-Berliner Netz. Jeweils 20 Trieb- und Beiwagen des Typs AIIU kamen nach dem Brand über diese Linie und den Waisentunnel zur Komplettierung nach Ost-Berlin, da sie im Westteil durch den neuen Typ A3 entbehrlich wurden. Vierzehn Jahre später erneut ein Brand, nur diesmal im Verbindungstunnel zum Waisentunnel hinter dem U-Bahnhof Klosterstraße. Auch dadurch ist der Bestand der BVB reduziert worden, ohne jedoch erneut Hilfe aus West-Berlin zu bekommen.

»Sicherer als die Welt auf den Schultern des Atlas ruht Preußen auf seiner Armee«

Die Neue Friedrichstraße wurde im Gegensatz zur Friedrichstraße tatsächlich nach Friedrich II. benannt. Der Straßenzug entstand mit dem Bau der neuen Fortifikation und war schon dadurch nicht so schnurgerade wie die alte Friedrichstraße und bei weitem nicht so lang. Die Neue Friedrichstraße maß 1.870 Schritte, die eigentliche Friedrichstraße war mit 5.600 dreimal so lang. Dem Ungläubigen ist die Kontrolle versagt, denn erstens ist der Straßenzug in seiner Länge so nicht mehr existent, und zweitens heißt der erhaltene Rest heute Littenstraße. Der Namenspatron der Neuen Friedrichstraße ließ das Festungswerk rigoros schleifen und beförderte die straßenseitige Bebauung. Zuvor waren lediglich die Bastionen der Verteidigungsanlage mit Gebäuden bebaut. In unserem Bereich gab es nur zwei davon, die Bastion 8, das Stralauer Bollwerk und die 9, die Kloster-Bastion. Beide wurden mit Komplexen bebaut, die der Garnison dienlich waren. Am Stralauer Tor stand im spitzwinkligen Bollwerk das Königliche Proviant-Magazin, in der anderen Bastion hingegen ein zirkelrunder Bau, der im späten 17. Jahrhundert unter Kurfürst Friedrich III. als Kadettenhaus nach den Plänen Arnold Nerings errichtet worden war. Dazwischen kam erst nach dem Abbruch der Festung ein weiterer militärischer Bau, eine in der 2. Hälfte des 18. Jahrhunderts für das Regiment Woldeck erbaute Kaserne. Dieses Infanterie-Regiment bestand seit 1714. Friedrich Nicolai beschreibt uns das Aussehen der Uniformen: blaue Röcke mit roten Aufschlägen und gelben Borden, die Offiziere tragen die Röcke und Aufschläge goldbestickt und schmale goldene Tressen um die Hüte. Im Jahre 1784 bestand es aus 2.603 Personen, einschließlich Frauen und Kindern, mit Beurlaubten sogar 4.990. [13]

Erst nach den sogenannten Befreiungskriegen und der damit verbundenen Heeresreform der Jahre 1816/17 wohnten nur noch unverheiratete Soldaten in den Kasernen, bei gemeinsamer Verpflegung durch Großküchen. Für den Zivilstand gab es mit der Königs- und der Stralauer Brücke zwei Möglichkeiten, den Festungsgraben zu überqueren. Der Militärstand hatte fast genau in der Mitte der beiden einen eigenen Übergang zur anderen Seite des Grabens. Dort standen nämlich eine weitere Kaserne und die Königliche Proviant-Bäckerei. Friedrich II. hat schließlich den Rundbau für die Ausbildung der Kadetten abreißen und nach 1775 durch Unger (1743–1799) einen Neubau auf rechteckigem Grundriß ausführen lassen. Auf dem Kupferstich-Stadtplan von Schleuen, der nach der Titelkartusche *bis Ao. 1773 verändert, verbessert und mit vielen prächtigen Gebäuden vermehret worden* ist, wurde der runde Kadettenhausbau noch abgebildet. 100 Jahre nach der Thronbesteigung des Königs, der den Neubau ausführen ließ, hat um 1840 Eduard Gaertner (1801–1877) einen bildkünstlerischen Blick in die Neue Friedrichstraße geworfen. Gaertner wählte sich das Kadettenhaus öfters als Motiv für seine Zeichnungen. Man erlaubt ihm gar einen Blick in den dortigen großen Speisesaal. All dies ist verschwunden, die Arbeiten eines Eduard Gaertner Gott sei Dank nicht. Er ist einer der verläßlichsten Abbildner der Stadt gewesen.

Da sich für die Ausbildung der Kadetten kein dem Platzbedürfnis entsprechender Neubau setzen ließ, sind Grundstücke außerhalb der Altstadt Berlins ins Visier genommen worden. Der Standort am Tiergarten-Hippodrom in Charlottenburg wurde zugunsten eines Geländes in Groß-Lichterfelde aufgegeben. Nach dem Auszug und Umzug nach Lichterfelde zogen neue Nutzer in das Gebäude. Der Straßenabschnitt wurde zunehmend »entmilitarisiert«, die Kaserne zum einen »Berliner Speditionshaus«, das Proviant-Magazin schließlich abgerissen. Dort wurde nämlich die Schicklerstraße als Verbinder zur Stralauer Straße angelegt und damit dem Durchgangsverkehr im wahrsten Sinne des Wortes zum Durchbruch verholfen. So konnte der Verkehr von der Blumenstraße über die Alexanderstraße in die nach dem Bankhaus benannte Schicklerstraße fließen. An der Ecke zur Neuen Friedrichstraße entstand ein modernes Geschäftshaus mit Läden.

Der von Hiller und Kuhlmann 1909/10 errichtete Stahlskelettbau mit Mauerwerk wird derzeit gründlich saniert. Zu haben sein sollen 13.000 m Bürofläche, Teilvermietung ab 100 m . Bauherr ist die Deutsche Genossenschaftsbank Immobilien-Anlagegesellschaft Nr. 34, ein Projekt der DG Anlage GmbH, Spezialinstitut der DG Bank-Gruppe. *1930/33 befand sich in diesem Gebäude die Marxistische Arbeiterschule (MASCH); an der Ecke zur Stralauer Straße erinnerte eine reliefierte Gedenktafel an die Tätigkeit Hermann Dunckers an die-*

ser Schule. [20] Sie verschwand am 29. März 1992. Generell verführten in jenen Tagen solche Hinweise durchaus dazu, das ganze Gebäude als Sitz der MASCH anzusehen. In Wirklichkeit mietete sie nur ein paar Räume in der Schicklerstraße 6. Das Adreßbuch Berlins vermerkt sogar nur für das Jahr 1933 eine Hochschule der Werktätigen im Haus. Schon 1926 erfolgte die Gründung einer Schule, die, wie die »Rote Fahne« schrieb, *sich aus kleinen unscheinbaren Anfängen zu einer bedeutenden Lehranstalt des Marxismus entwickelt hat,* die »Marxistische Arbeiterschule – Die Hochschule der Werktätigen«. Lernende und Lehrende mußten nicht als Visitenkarte das Parteibuch der KPD vorweisen, und die Einrichtung fungierte auch nicht als Kaderschmiede der Kommunisten. Im Ostteil Berlins hingen vermehrt solche Tafeln an den Häusern, um dominant linke Geschichte zu dokumentieren, und zwar im Sinne einer Vorgeschichte der SED. Duncker (1874–1960) wirkte zu DDR-Zeiten weiter, fiel keiner Säuberung zum Opfer, hatte seine Verdienste als Funktionär des Systems und war denktafel-würdig.

Was Recht ist, muß erst noch gesprochen werden.

Eine andere Tafel hingegen hängt noch. Ein paar Meter weiter, an einem riesigen Bau.

HANS LITTEN. UNERSCHROCKENER KÄMPFER FÜR MENSCHLICHKEIT UND FRIEDEN – ANWALT UND VERTEIDIGER DER UNTERDRÜCKTEN – ERMORDET 1938 KZ-LAGER DACHAU

Die Straße trägt seinen Namen. Seit dem 10. Mai 1951 hieß die gesamte Neue Friedrichstraße nach dem Juristen Litten (1903–1938). Nur das kleine Teilstück, das von der Grunerstraße zur Spree reicht, heißt heute noch so.

Duncker hatte überlebt, Litten nicht. Was die Nationalsozialisten dem Anwalt Litten nicht verziehen, war seine Verteidigung im sogenannten »Felseneck«-Prozeß. Die SA hatte in Reinickendorf-Ost Mitte Januar 1932 die gleichnamige Lau-

Der in den 60er Jahren abgerissene Haupteingang des Landgerichts in der Grunerstraße

benkolonie am Schönholzer Weg überfallen. Der kommunistische Arbeiter Fritz Klemke kam dabei ums Leben. Ein Täter konnte nicht ermittelt werden, das Verfahren wurde eingestellt. Noch vor dem schriftlichen Eingang des Urteils am 10. März 1933 verhafteten die neuen Machthaber Litten als einen ehemaligen Ankläger der SA. Für die Nazis gab es am 28. Februar nach dem Reichstagsbrand dafür einen Grund. Ein Befreiungsversuch aus dem Gewahrsam in Brandenburg schlug Ende des Jahres fehl. Litten folgte dem Leidensweg vieler anderer.

Wir stehen vor einem Justizpalast.

Mitten in der Stadt lag ein großes Gebäude
Drin saßen die Söhne wohlhabender Leute
Für so und so viel Geld im Monat (und nicht gerade wenig) über die Armen zu Gericht.

So eröffnet Bertolt Brecht sein Gedicht »Die drei Soldaten

und die Justiz«. [14] Hier stand einst das Kadettenhaus, in das noch vor seinem Abriß die Justiz Einzug hielt. Auf der Nordseite begann schon der Bau des Landgerichts, als der Militärbau noch genutzt worden ist. Nach seiner Beseitigung wurde das Amtsgericht nahtlos angefügt. Von außen ist heute kein Bruch zu sehen. Voller Stolz spricht auf der 315. Sitzung der Juristischen Gesellschaft am 11. Dezember 1897 im Grand Hotel de Rome der Wirkliche Geheime Ober-Justizrath Dr. Starke die Worte: *Der Bau ist der zweitgrößte in Berlin und wird nur vom Schloß an Ausdehnung übertroffen. ... Die Front an der Neuen Friedrichstraße wird 207 Meter, an der Grunerstraße 83 Meter, an der Stadtbahn 231 Meter betragen, während die größte Länge des Schlosses nur 166,5 Meter ausmacht.* Die Justiz war im Aufbruch. Gründerzeit in der Jurisprudenz. Nach der Reichsgründung sollte sich einiges ändern. 1879 traten drei neue Reichsjustizgesetze in Kraft: Strafprozeßordnung, Zivilprozeßordnung und Gerichtsverfassungsgesetz. Der einheitlichen Gerichtsverfassung zufolge schälten sich drei Typen von Gerichten heraus: Oberlandesgericht, Landgericht und Amtsgericht. Von letzteren wurden eine ganze Menge gebraucht, da sie sich mit den Rechtsproblemen des Alltags herumschlugen. Elf neue Bauten kündeten davon. Der Landgerichte bedurften Stadt und Umland nur drei. Das erste stand hier, das zweite am Halleschen Ufer, das dritte schließlich in Charlottenburg am Tegeler Weg. So entstand an der Neuen Friedrichstraße ein Doppelbau, auch in der doppelten Zeit, denn von 1896 bis 1904 wurde geplant und verändert, gebaut und ausgebaut. Türme ragten kühn in den Himmel, die Portale entfalteten ihre Pracht. Symmetrisch angeordnet, lagen an den Fronten der Gruner- und Neuen Friedrichstraße die Haupttreppenhäuser. Wer Respekt vor den Gerichten mitbrachte, war doppelt beeindruckt. Das galt für die meisten, denn der Anblick außen und innen machte devot. Die Zeiten ändern sich.

Ein Architekten-Trio teilte sich den Lorbeer. Nach einem Vorentwurf von Paul Thoemer (1851–1918) aus dem Jahre

1894 arbeitete Oberbaurat Rudolf Mönnich (1854–1922) den Gesamtplan aus, den wiederum Otto Schmalz (1861–1906) mit wesentlichen Veränderungen ausführte. Diesen Herren begegnen wir bei Bauten für Justizbelange um diese Zeit fast ständig.

In den Adreßbüchern finden wir zahlreiche Anwälte, die hier arbeiteten und lebten. Die Nähe zum Gericht mag ihre Häufigkeit trotz des nicht gerade ehrwürdigen Stadtviertels begünstigt haben. Eines Tages, so schildert es Josef Falkenberg in seinem »Berliner Justizroman aus dem Jahre 1932«, kommt ein 52jähriger Schlossermeister hierher: August Lortzing aus der Kreuzbergstraße. *Üb' immer Treu und Redlichkeit! läuteten die Glocken am Mittag die alten Spielglocken. Na ja, das war früher mal, dachte Lortzing, ging weiter und kam nach der Waisenstraße, dem schmalen Schlauch, der von kleinen, sauberen und bewohnten Häusern umrändert ist. »Waisenritze« ulken die Berliner ... Ein paar Schritte in die Straße stieß er auf das Schild einer Kneipe: »Zur letzten Instanz« lautete die schwermütige und nicht unbedenkliche Inschrift mit weithin sichtbaren Buchstaben. Tja, Spaß muß sein bei der Leiche, sonst geht niemand mit. Auf dem Hauspfeiler entdeckte Lortzing die Reste von allerlei Inschriften. Er blieb stehen und buchstabierte: »Originelle Einrichtungen ...« Vielleicht lockte Lortzing die Neugier ... »Na, Meister, auch mal wieder auf dem Gericht gewesen?« Lortzing trank einen großen Schluck, dann sagte er: »Das erste Mal, Herr Wirt!« »Das erste Mal? Was sie nicht sagen!« ... Am Fenstertisch erhob sich der Gast und pirschte sich langsam heran. »Sie gestatten wohl?« sagte er, gab sich ohne weiteres selbst die Erlaubnis und setzte sich zu dem Schlossermeister. Der Mann, der den Prozeß verloren hatte, trank einen tiefen Schluck Bier und erzählte seinen Fall. Weit und breit, ehrlich und entrüstet und voller Haß auf Hanschmann, den Gauner. Er freute sich eine mitfühlende Seele zu finden und kam mächtig in Fahrt.* [15] Ein gutsituierter Kunde hatte einfach nicht für seine Autoreparatur bezahlt. Gefordert sind 97 Mark und Gerechtigkeit. Die Justiz versagt, doch in der Kneipe bahnt sich schließlich die Wende an. Der Erfolg bleibt letztlich nicht aus, läßt aber auf sich warten. Dazwischen gibt es reichlich zwischenmenschliche Turbulenzen. Lortzing trennt sich von seiner »Lotte«, verliert die Werkstatt, hat eine Liaison, zu der er in die Waisenstraße zieht. Plötzlich kommen dubiose Männer aus dem Verein »Treue um Treue« zum Zug. Der ursprünglich so kleine Fall wächst sich zum großen aus. Ein Anwalt der Gerechtigkeit schmettert ein das Gerichtswesen anklagendes Plädoyer in den Saal. Lortzing kommt frei. Und der säumige Hanschmann? Dieser feiste Typ verkehrt im Schwulenmilieu, wo er sich austobt. Auch in krimineller Weise, was ihm schließlich zum Verhängnis wird. Im Fahrwasser der Zeit ist er Mitglied der SA geworden. Und versucht nun über seinen braunen Anwalt mit Konsequenzen zu drohen, denn die Nationalsozialisten sind mittlerweile an der Macht.

Das hatte Konsequenzen, denn die Macht wurde sofort ausgereizt. Wie es im Roman ausgehen wird, bleibt offen. Wie es in der Geschichte ausging, wissen wir. Und dennoch sei daran erinnert. Nach dem Reichstagsbrand holten die Nazis zum zweiten großen Schlag aus, jetzt gegen den Feind Nummer 1, das Weltjudentum.

Der damals in Berlin lebende James Yaakov Rosenthal berichtete später dem Schriftsteller Heinz Knobloch davon. *Am Vortage des Boykott-Schabbat, das heißt am 31. März 1933, war ich als junger Anwalt in dem Zentral-Zivilgerichtsgebäude in der Nähe des Bahnhof Alexanderplatz, und jagte von einem Termin zum andern … Mit einem Mal, 10 Uhr 15, und das war ›von der Maas bis an die Memel, von der Etsch bis an den Belt‹, schlagartig auf dieselbe Minute abgestellt von höherer Stelle, kamen Scharen von frisch eingekleideten SA-Leuten ins Haus und riefen: ›Juden und Judenstämmlinge in den Lichthof!‹*

Da versammelten wir uns. Und bei manchem wunderte man sich. Aber die Nazi-Herrschaften hatten sich nie geirrt in ihrer Listenzusammenstellung; sie wußten ganz genau, wo die Großmutter oder der Großvater einen Haken hatte. So sahen wir uns versammelt zu löblichem Warten mit dem Präsidenten des Landge-

richts I Berlin, Herrn Soelling, geborener Seligsohn, dessen Vater ein führendes Mitglied der jüdischen Gemeinde in Bromberg gewesen war. Sein Bruder Seligsohn fungierte als Anwalt in Berlin; er selbst gehörte dem Stahlhelmbund der Frontsoldaten an und gebärdete sich als ganz großer Nationalsozialist und, sagen wir, Negation vom Judenfreund. Aber das half alles nichts, sie wußten Bescheid, und wir versammelten uns … Nach einer Weile erschienen SA-Leute im Lichthof und sagten: ›Wer jetzt reibungslos diesen Gebäudekomplex verläßt und verspricht, ihn nie wieder zu betreten, dem passiert gar nichts. Wir warnen vor irgendeinem Einspruch oder Widerstand!‹

In der Lokal-Presse liest sich das so: *Heute vormittag drang eine große Menschenmenge in das Amtsgericht Berlin-Mitte und in das Landgericht I ein und verlangte stürmisch die sofortige Absetzung der jüdischen Richter. Zugleich wurden die jüdischen Rechtsanwälte zum Verlassen der Gerichte aufgefordert …* [16]

Die Nationalsozialisten machen ernst, und sie meinen es auch so. Ihre schon aufgehetzte Basis wird zu einer zentralen Aktion animiert, die auf den 1. April angesetzt wird und ein paar Tage dauern soll. Das neue Propagandaministerium unter Dr. Goebbels zeigt, was es kann. Leiter der »reinen Abwehrmaßnahme« war übrigens Julius Streicher, Gauleiter in Franken und Herausgeber des »Stürmer«. Am besagten 31. März startet die Maschinerie mit einem Boykottaufruf, den Hitler absegnet. Dieser wird nach drei Tagen vorzeitig abgebrochen, auch wegen der schlechten Presse im Ausland. Es gab auch einen wirtschaftlichen Grund. »Deutsche wehrt Euch! Kauft nicht beim Juden!« war das eine. Andererseits ging es gegen jüdische Ärzte und Juristen, gegen Angestellte in den Behörden, gegen Professoren und Dozenten.

Am 7. April 1933 gipfelt der Vorgang im »Gesetz zur Wiederherstellung des Berufsbeamtentums«. Zum einen eine politische Handhabe gegen »unzuverlässige Elemente«. Zum anderen aber der gesetzliche Freibrief per »Arierparagraph«, das Beamten- vom Judentum zu säubern. Reichspräsident Hindenburg setzt sich lediglich für die Frontsoldaten ein, die

Das Portal des Amtsgerichts in der Neuen Friedrichstraße (heute Littenstraße) um 1920

im Ersten Weltkrieg für Deutschland kämpften. Ein Aderlaß mit Folgen. Im Januar 1935 waren noch 2.736 nicht-arische Anwälte im Deutschen Reich tätig. Drei Jahre später etwas mehr als die Hälfte. Noch später – keiner mehr …

Nach 1945 heißt der Feind nunmehr Abweichler und Konterrevolutionär. Der Gerichtsbau wird Austragungsort von Schauprozessen. Nach dem 17. Juni 1953 werden Todesurteile gefällt; der Justizminister, der die Verhaftung Oppositioneller kritisiert und das Streikrecht befürwortet hat, muß am 15. Juli gehen. Falsch! Er wird abgesetzt und verhaftet. Die Stalinistin Hilde Benjamin, die in der Nazi-Zeit durchaus Bedrängten half, löst den alten Sozialdemokraten Max Fechner ab. Das Wort von der »roten Hilde« und der »roten Guillotine« macht die Runde. 1957 werden die nächsten juristischen Geschütze aufgefahren. Vom 7. bis 9. März 1957 verurteilt das Oberste Gericht der DDR den Philosophen und Literaturwissenschaftler Wolfgang Harich in einem Schauprozeß wegen der Bildung einer *konspirativen, staatsfeindlichen Gruppe;* von den zehn Jahren sitzt er acht in Berlin und Bautzen ab. Auch über die »Hetzer« Walter Janka, Direktor des Aufbau-Verlages, den Dozenten Bernhard Steinberger, die Chefredakteure Heinz Zöger und Gustav Just sitzt man so zu Gericht. Mit der Verurteilung zu hohen Zuchthausstrafen wird die »Harich/Janka-Gruppe« als erste innerparteiliche Opposition gegen den Parteichef Walter Ulbricht ausgeschaltet. Das neue juristische System nach dem Vorbild der sowjetischen Prokuratur hat sich im »Sinne der Partei« bewährt. Seit dem am 7. Dezember 1949 durch die Volkskammer verabschiedeten Gesetz über die Errichtung des Obersten Gerichts und der Obersten Staatsanwaltschaft bläst ein neuer juristischer Wind. Ersteres ist die entscheidende Instanz bei Straftaten von *überragender Bedeutung*, gleichzeitig auch Kassationsgericht. Bei letzterem erhebt der Generalstaatsanwalt bei entsprechender politischer Brisanz der Strafsache die Anklage vor dem ersteren. Hand in Hand im Namen des Volkes.

Die Zeiten sind vorerst vorbei. Es ist hier ruhiger geworden, denn die aufregenden Prozesse finden in Moabit statt.

Die Verlängerung einer Straße

Dem Gerichtsgebäude fehlt offensichtlich eine ganze Menge Zierrat. Wer eine Vielzahl solcher Bauten, die vor, um oder nach 1900 errichtet worden sind, studiert hat, wird die »Nüchternheit« bemerken. Vielfach ein Resultat der Weltkriegseinwirkung, die zur Vereinfachung zwang. Eine historische Aufnahme fördert über das ursprüngliche Aussehen beeindruckendes zutage. Wer heute durch das Portal des einst reich geschmückten Mittelrisalits ins Haupttreppenhaus tritt, wird wenigstens etwas entschädigt. Auf ovalem Grundriß entfaltet sich ein ins Großartige gesteigerter Empfangsraum, der die Mitarbeiter- und Besucherströme auf drei Ebenen verteilt. Über eine geschwungene doppelläufige Treppenanlage gelangt der Benutzer auf emporenartige Umgänge sukzessive in die Korridore des Justizpalastes. Das Jugendstilartige der Formen, angereichert mit neobarocken Gestaltungsmitteln, wird bei dieser Raumschöpfung durch ein gotisierendes Pfeilersystem getragen. Doch zurück zur äußeren Gestalt. Mit bloßem Auge ist zu bemerken, daß der Haupteingang in der Straßenfront der Littenstraße nicht mittig liegt. Die Gebäudemasse besitzt rechter Hand Übergewicht. Der Justizpalast sieht außerdem nicht wie auf Asymmetrie angelegt aus. Demzufolge fehlt ein Gebäudeteil, der gedanklich links anzusetzen wäre.

An der Ecke zur stark befahrenen Grunerstraße angekommen, kann nur staunend bemerkt werden: Sauber getrennt. Es könnte schon immer so ausgesehen haben. Hat es aber nicht. Kein schwerer Bombentreffer riß den nördlichen Teil weg, sondern ein ordentlich bestelltes und bezahltes Sprengkollektiv, das hier für Baufreiheit sorgte. Die Umgestaltung der Hauptstadt der DDR lief in den 60er Jahren auf Hochtouren. Zu den Modernitätskriterien zählten breite Magistralen, die in Form der Karl-Liebknecht-Straße oder der Grunerstraße/Mühlendamm/Leipziger Straße ins Stadtzentrum führten – konkreter gesagt, in eine Sackgasse namens Mauer liefen. Durch zunehmenden Autoverkehr oder stärkere Frequentierung der innerstädtischen Straßen waren solche Maßnahmen zunächst nicht zu begründen, sondern eher zukunftsorientiert und hauptstädtisch gedacht. Der Zweite Weltkrieg

Die Grunerstraße vor der Verbreiterung und den Abrißarbeiten
um 1963

ebnete durch immense Zerstörung solchen Plänen einen Weg. Die neuen Eigentums- und Machtverhältnisse begünstigten zudem die Realisierung. In einer kompletten Altstadt und intakten City sind solcherlei Durchbrüche und Verbreiterungen ungleich schwieriger und gegen mehr Widerstände zu führen. Ähnliche Überlegungen hat es jedoch schon in diversen Planungen seit dem 19. Jahrhundert bis in die Zeit des Nationalsozialismus gegeben. Der erste im Bunde war ein Mann mit dem denkwürdigen Namen Ernst Bruch. Er plante 1870 einen Straßendurchbruch über die Spree nördlich der Nikolaikirche und südlich vom Rathaus zum Festungsgraben und nahm damit die Idee der »sozialistischen« Grunerstraße vorweg. Auch eine Verbindung von der Blumen- quer zur Parochialstraße spielte dabei eine Rolle. Der Festungsgraben sollte keine Stadtbahn aufnehmen, sondern – zugeschüttet – als Ringstraße ebenfalls befahrbar gemacht werden. Bruch belegt das zu erwartende Verkehrsaufkommen mit Hilfe der Statistik: von 1820 bis 1845 verdoppelt sich die Bevölkerung Berlins von 200.000 auf 400.000 Einwohner und schlußfolgert, daß es 1870 schon 800.000 und 1895 dann 1.600.000 Einwohner geben wird – er lag damit keineswegs falsch.

Als im Herbst 1926 die beiden Stadträte Ernst Reuter (Verkehr) und Martin Wagner (Städtebau und Stadtplanung) in den Magistrat gewählt wurden, gab es nachfolgend einen »Geheimplan« des Magistrats mit den im Zentrum geplanten Durchbrüchen. Dieser sah eine verbreiterte Grunerstraße über die Sieber- und Rathausstraße bis zur Nikolaikirche vor, die vollkommen freigestellt werden sollte, einerseits zur Jäger- und andererseits weiter zur Leipziger Straße durchgeschlagen. Die sozialistische Verkehrsplanung vollendete jene Projektierungen auf ihre Weise und verbreiterte die Grunerstraße um ein vielfaches, verlängerte sie dazu bis zum Molkenmarkt und darüber hinaus zur Leipziger Straße. Neu war ebenfalls ein Autotunnel, der am Alexanderplatz gebaut auf der Höhe des Gerichts in die Grunerstraße führte, der einzige, der in Ost-Berlin und der gesamten DDR in einem Stadtzentrum gebaut worden ist. Das war der Grund für den Abriß des nördlichen Flügels vom alten Landgericht. Tragischer ist die Beseitigung der ein paar Jahre zuvor noch gesicherten Reste der Klosteranlage, die dann zu dicht an der Straße gestanden hätte. Viel ist durch die verbreiterte und verlängerte Grunerstraße nicht beseitigt worden, jedoch kaum zu verschmerzendes. Seit dem »städtebaulichen Gutachten für die Berliner Mitte: Bereich Molkenmarkt« von 1994 soll nach Beseitigung des Autotunnels die Grunerstraße bis zur Rückseite des Rathauses verschwenkt und mit Straßenbahn belebt werden. Entlang der Straße ist eine vollständige Blockrandbebauung vorgesehen, um den Stadtraum erträglicher zu machen. Im »Planwerk Innenstadt« des neuen Stadtentwicklungssenators vom November 1996 gibt es davon kaum Abweichungen. Er möchte sogar den Großen Jüdenhof wiedergewinnen.

Was galt schon der äußere Feind, wenn es einen gleich viel größeren inneren gab, der allgegenwärtig war. Wann er hervorbrach, wußte niemand. So auch nicht in der Waisenstraße 24, in jenem Bereich, der ehemals Bullenwinkel geheißen und später zur Straße gezählt worden ist. Das bebaute Grundstück lag etwa gegenüber dem noch vorhandenen mittelalterlichen Mauerrest. Am Morgen des 12. November 1870, früh 5 Uhr und 44 Minuten brach hier der Stadtfeind schlechthin aus: das Feuer. Die Verhinderung des großen Ausbruchs hing schon seit Jahren nicht mehr vom Engagement der Bürger allein ab, denn seit 1851 gab es eine Berufsfeuerwehr. Ihr stand als Königlicher Branddirektor der überaus engagierte Regierungsbaumeister Carl Ludwig Scabell vor. Er drang darauf, daß die Eingestellten einen Beruf als Maurer, Zimmermann oder eines anderen Handwerks nachweisen konnten. Männer über 40 hatten keine Anstellungschance. Wer körperlich schwächlich veranlagt war, vielleicht noch stark dem Alkohol zusprach und in lausigen Lokalen verkehrte, ebensowenig. Der Berliner Feuerwehrmann der ersten Stunde schob einen langen Dienst: 48-Stunden-Wache, 24 Stunden frei. Die Firma Siemens & Halske konstruierte nach den Überlegungen Scabells eine sofort unentbehrliche Zeigertelegraphenanlage, durch die alle Feuer- und Depotwachen mit dem Königlichen Polizeipräsidium verbunden waren. Wenn sie nicht kommt zur rechten Zeit, dann muß man sehn, was übrig bleibt. Das Feuerlöschwesen bekam Geschwindigkeit und Effektivität. Dadurch konnte auch hier in der Waisenstraße größeres Unheil abgewendet werden. Der Vorgang wurde exakt protokolliert. (vgl. S. 110) (VI)

Woher die Einsatzkräfte zur Brandstelle kamen, ist nicht mehr genau zu ermitteln. Heute wäre dies kein Problem, denn die Feuerwache Mitte liegt gleich um die Ecke. Die Hauptfront des großen, fünfgeschossigen Baus, als auch die

Lage des Gebäudes auf dem Grundstück	Massives Vorderhaus und rechter Seitenflügel
Bezeichnung der Etagen und der Räume derselben, die gebrannt haben	Im Ergeschoß brannte eine Lampenfabrik und Garn-Niederlage, ferner die Fenster des 1. und 2. Stocks des Hofs
Kurzer Bericht wie die Löschung erfolgt ist	Die Löschung erfolgte durch direkten Angriff mit zwei Spritzen und einem Hydranten
Angabe der Entstehungsart des Feuers, namentlich ob und inwiefern eine fehlerhafte bauliche Einrichtung die Ursache gewesen sein kann	Das Feuer ist allen Anzeichen nach in der Garn-Niederlage entstanden. Die Ursache konnte, da Alles in Flammen stand, nicht ermittelt werden.
Bemerkungen	–

grauen Tore der Ein- und Ausfahrt, liegen an der Voltairestraße. Warum sind die eigentlich nicht rot? Dahinter jedenfalls befindet sich die Wagenhalle. Wer an einen riesengroßen Fuhrpark denkt, wird enttäuscht. In der stützenfreien Halle stehen 12 Fahrzeuge einsatzbereit, zwei 4-Fahrzeug-Züge LHF und Fahrzeuge für andere dienstliche Belange. Die Aufenthaltsräume liegen logischerweise genau darüber. An der Seite sind die Rutschstangen in den Ausbuchtungen zu erkennen, die in klassischer Manier zu jedem Einsatz genutzt werden. Aber es geht nicht nur zum Feuerlöschen. Von Sieben bis Sieben dauert der 24-Stunden-Dienst. Drei Schichten mit über 80 Personen. Außerdem teilen sich den Bau die Branddirektion, die vorbeugende Brandbekämpfung, der Personalrat und der medizinische Dienst. Polizei und MfS zogen nach der Wende aus.

Es mag überraschen – aber wiederum auch nicht –, daß ein Architekt wie Ludwig Hoffmann ebenfalls diverse Feuerwachen baute. Nach dem Vorbild seiner 1909/10 realisierten Schillerparkwache wurde die einzige Feuerwache nach der

Weimarer Zeit 1936–38 in der Parkstraße in Weißensee errichtet, Vorbild für den hiesigen Großbau. So schließt sich ein Kreis. Kaum war die ausgedehnte Anlage von 1953–55 gebaut, fiel die Entscheidung, die Feuerwache in der Keibelstraße 26–28 aufzugeben. Seit November 1948 gab es zwei getrennte Feuerwehren in dieser Stadt. Im Zuge der Verwaltungsreform in der noch jungen DDR gehörten die Berufsfeuerwehren ab 1950 zum Zuständigkeitsbereich des Innenministeriums, die Freiwilligen Feuerwehren zu den Kommunen. Zum Ministerium des Innern gehörte die Polizei, und dieser wurden die Berufsfeuerwehrleute direkt unterstellt. So geschah die Planung der Feuerwache Mitte im Auftrag des Präsidiums der Volkspolizei und nicht des im Ostteil so genannten Magistrats von Groß-Berlin. Hier befand sich auch nach der Fertigstellung ab 1956 die Ausbildungs- und Schulungswache bis zum Neubau der Feuerwache Treptow im Jahre 1976. Zum anderen besaß der Komplex eine eigene Schlauchwäscherei.

An der Voltairestraßenfront fällt bei dem eingerückten mittleren Teil mit den Ausfahrten eine Großfensterrahmung im Obergeschoß auf, die über zwei Geschosse geht. Dahinter befindet sich nämlich ein großer Saal, der für diverse Veranstaltungen nutzbar ist. Einst auch für zünftige Feuerwehrbälle, bei denen mehr das Durstlöschen im Vordergrund stand. Die Feuerwache erlebte im Festsaal auch einen historischen Moment. Am 4. Oktober 1990 fand hier der offizielle Festakt der Vereinigung der bis dahin getrennten Wehren zur »Berliner Feuerwehr« statt.

Derzeit gibt es sechs Feuerwehr-Abschnitte in Berlin. Der kleinste ist der, welcher sich über die Bezirke Mitte, Kreuzberg, Tiergarten, Prenzlauer Berg und Friedrichshain erstreckt. 55 km klingt zwar nicht gerade wenig, doch die Gesamtfläche der Stadt beträgt schließlich 889 km . Und auch die fast 600.000 Menschen, die im Ausrückbereich wohnen, sind nicht wenig. Ausrückbereiche gibt es deren sechs, einer davon ist die hiesige Feuerwache Mitte. Neben der Berufsfeuerwehr ist auch die Freiwillige Feuerwehr in Mitte fest integriert. Deren Domizil befindet sich in einem Altbau in der Linienstraße.

1995 gingen im Abschnitt Mitte insgesamt 80.454 Alarmierungen ein, wobei auf den Einsatz der Rettungswagen 44.283 entfielen, der Notarztwagen rückte 13.332 mal aus. Eine interessante Statistik, denn wir denken bei Feuerwehr zumeist nur an Brände. Davon gab es in den letzten Jahren reichlich. Wer erinnert sich nicht an den Brand der Kirchenkuppel im Komplex Deutscher Dom. Dieser 26. Oktober 1995 warf die Fertigstellung zeitlich erheblich zurück. Mittlerweile sind die »Fragen an die deutsche Geschichte« wieder eröffnet. Vom Brand keine Spur. *In der Mokka-Milch-Eisbar da ist es geschehn.* Doch am 26. Februar 1996 ging kein Herz in Flammen auf, wie es einst im alten Ost-Schlager hieß. Zu Hilfe eilten die Männer in Blau auch bei der Aufzugs-Havarie im Fernsehturm Ende August 1995 oder beim Unfall der Drehorgel beim Fest am Platz der Vereinten Nationen im Oktober. Kein einziger Tag vergeht ohne Einsatz. Und was alles zum Einsatzgebiet gehört, sollte mindestens einmal kurz an unserem Auge vorüberziehen: Verkehrsanlagen der Bahn und der BVG, Hafenanlagen der Spree, Bundes- und Landesbehörden, Botschaften und Konsulate, Gebäude der Justiz und des Strafvollzugs, allein 10 Krankenhäuser mit knapp 6.000 Betten, über 50 Hotels mit weit über 10.000 Schlafgelegenheiten, über 2.000 Orte der Gastronomie, mehr als 12.000 Geschäfte, über 300 Geldinstitute und all die Stätten der Wissenschaft und Kultur mit 18 Bühnen, der Universität, den Bibliotheken, den Kirchen und jüdischen Einrichtungen, den Museen und und und ... Zum Glück wird der Einsatz an all diesen Orten nie gleichzeitig gefordert. Wehe dem, der den Rotstift auch bei der Feuerwehr ansetzt. Dem sei das Aufgezählte zur Grundlektüre empfohlen. Respekt vor all den Männern und Frauen im Dienst.

Abfahrt

Wir kehren von der Feuerwache zum U-Bahnhof zurück und benutzen den Abgang von der Stralauer Straße.

Die Treppenstufen zum Zwischengeschoß zu nehmen, lohnt sich doppelt. Im diffusen Licht tauchen plötzlich vier Vogelperspektiven von verschiedenen Stadträumen auf, die kleine Karten enthalten, auf denen der Bahnhof Klosterstraße als zentraler Punkt hervorgehoben ist. Von diesem gehen – bis auf eine Ausnahme – zwei rote Linien zum Bahnhof Alexanderplatz. Wir wissen schon warum. Aber das wird kartographisch nicht bis zur Frankfurter Allee verfolgt. Vielmehr geht der visionäre Blick in andere Himmelsrichtungen. Schauen wir uns das etwas genauer an. Beim Herantreten bemerken wir, daß diese Arbeiten auf Leinwand gemalt und nicht im besten Zustand sind. Noch näher heran. Korrektur durch Klopfen. Der Malgrund müßte Pappe sein. Der Bahnhof ist kein Ort der Sprayer, sonst wären die Originale für immer verloren, denn wer wollte diese mit welchen Mitteln wiederherstellen und restaurieren lassen?

Die beiden linken Vogelschauen sind Draufblicke auf große Wohnviertel, denen zum Verständnis der Verkehrserschließung durch die U-Bahn rechteckige Pläne eingefügt wurden. Bei den beiden rechten Darstellungen hängen die Verkehrskarten in Form von Kartuschen an Bäumen, die als Vordergrundstaffage in das Bild einführen sollen. Letztlich gab es 1913 noch kein Groß-Berlin, und es galt, für die gewachsene Metropole neue Wohnquartiere zu erschließen und abgelegenere Gebiete verkehrsmäßig an die Reichshauptstadt anzubinden. Mit dieser Darstellungsform wird selbstbewußt durch die Lokalbrille geblickt und aufgezeigt, wie denn vom Bahnhof Klosterstraße aus diese Viertel zu erreichen wären. Die Metropole wächst und damit auch das U-Bahn-Netz. Größe und Fortschritt in jeder Beziehung. Die Ansichten mit den Bäumen sind auffällig anders gemacht als jene auf der gegenüberliegenden Seite. Zwei Birken geben den Blick auf das Gelände der Kolonie Dahlem nicht ganz frei. Am linken Bildrand gar eine Windmühle. Der Betrachter fühlt sich auf einem Hügel und schaut über Flachland in die Ferne und vor allem in die Tiefe. Wo gibt es solche Berge in Berlin? Wir sind beeindruckt. Der Schwenk nach rechts. Statt Laubbaum nun die Konifere, und nicht irgendeine: zwei heimische Kiefern. Das Verkehrserschließungsbild hängt gut geknotet am Geäst, der Wind ließ sich ein Schleifenband verheddern. Im Vordergrund ein Schmuckplatz, dahinter wohl geordnet helle Häuser mit satten roten Dächern. Die freundliche Mietskaserne? Neu Westend. Am Horizont die Havel. Die Bäume sind doch gut plaziert, geschickt verklären sie die Größe dieses Wohngebietes. Wer ist der Meister dieser Malerei? Hat er signiert? Er hat, und sein Signet ist gut gestaltet. Ludwig Hohlwein (1874–1949), Innenarchitekt und ein Meister seines Fachs, der Plakatgestaltung. Der Bahnhof sollte einst ein großer werden, und der Münchner Hohlwein war nicht irgendwer! Suchspiel. Zwischen den Nadelbäumen ist sogar der Abgang zur Untergrundbahn zu sehen. Nur gibt's den wirklich, und den Platz und jenes Viertel? Und ob, denn die Verortung kann gelingen. Wir müßten nur dem SFB aufs Dach steigen und von der Masurenallee nach Westen blicken, ohne Ende. Vor uns der Theodor-Heuss-Platz, links die Heerstraße, rechts die Reichsstraße und der Abgang zur U 2. Wer will, fahre hin. Direkt. Vielleicht im Anschluß?

Vom Westen und Südwesten geht die Stadterschließung auf der anderen Seite nun nach Süden. Hier sind es große, fast gigantische Stadtquartiere. Kein Baum verstellt die Sicht, die Steinlandschaft erhält ihr Panorama. Die Mitte wird durch Kirchbauten zentriert. Zum einen Neu-Tempelhof, ein großer Wurf. Wen das Ergebnis reizt, der fahre bis Paradestraße, auf der U 6, und laufe schnurstracks gen Westen. Die andere Draufsicht ist trocken beschriftet: Entw. Paul Wolf, Schoeneberg. Die Verkehrskarte leider hochkant gestellt, das verwirrt die Orientierung. Sie müßte nach rechts gekippt werden. Dann stimmt der Blick nach Südosten. Im Vordergrund die Aufschrift Cecilien Gaerten. Wer einen Stadtplan bei der Hand hat, findet solch einen Straßenzug. Gestaffelt folgt die heutige S-Bahnlinie 1, dahinter das nicht realisierte Stadtquartier, dann die heutige S 2, wieder in Form eines dampfenden Vorortzuges. In der Ferne grau das alte Dorf Tempelhof, dahinter sogar der 1906 eröffnete Teltowkanal.

Diese historischen Ansichten konnten einen zeitweise auch verärgern oder Sehnsüchte wecken. Der Stadtplan der Hauptstadt der DDR versagte seinen Dienst, die Lage der Viertel auszumachen. Schnell wurde klar, daß sie im »Westen« lagen. So blieb nur die Erinnerung an das Gesamtnetz und die noch ungeteilte Stadt. Endeten nicht die Schildermalereien mit den Fahrzeugen Anno 1962? Ein furchtbares Jahr für die gespaltene Stadt. Daß gerade der U-Bahnhof mit seinen Details noch daran erinnerte, gab der Sache einen bitteren Beigeschmack, denn hier sollte doch das Schöne und Alte obsiegen.

Ein Bonbon zum Schluß. Der Gang nach oben verjüngt sich und könnte prächtiger nicht ausgestaltet sein. Ein gelblich blauer Farbton strahlt von den Fliesen und ein Reichtum an ornamentaler Gestaltung dazu. Wer die bekanntesten Kunstwerke der Berliner Museumsinsel halbwegs kennt, wird an einem Gestaltungsdetail besonders hängen bleiben – der Pfeilerform auf den Kacheln. Im Südflügel des Pergamonmuseums kann jeder das Original bestaunen und hier die freie Kopie bewundern. Das prachtvolle Ausstellungsstück ist ein Teil der Thronsaal-Fassade von Babylon aus der Zeit Nebukadnezars II. (605–562 v. Chr.), der die Stadt prachtvoll ausbauen ließ. Jahrhundertelang verborgen, starteten die Berliner Museen und die Deutsche Orient-Gesellschaft ab 1899 eine Grabungskampagne, bei der diese einzigartigen Kulturgüter unter Robert Koldewey dem Erdreich entrissen wurden. Die Ausgrabungen dauerten bis 1917, derweil der Bau des Pergamonmuseums zwar schon begonnen, aber noch lange nicht vollendet war. Wer sah die Schaustücke damals wo?

Dazwischen liegen gut 2.500 Jahre:
Teil der Thronsaal-Fassade von Babylon
und die Reminiszenz daran im U-Bahnhof Klosterstraße

Egal. Sie hinterließen ihre Wirkung offensichtlich, vor allem beim gebürtigen Schweden Alfred Grenander (1863–1931), der wie kein Zweiter so viele Stationen der Berliner U-Bahn gestalterisch geprägt hat. Hier wurden solche Details verarbeitet und waren gleichsam »babylonisch« wieder im Verborgenen zu sehen. Daß die königlichen Werkstätten Cadinen die farbigen Majoliken produzierten, erklärt sich nun fast von selbst.

In der Blickachse zum Ausgang schließlich noch eine dunkle Tafel, aus Bronze, direkt neben dem ehemaligen Kassenschalter an einem Wandvorsprung. Es ist eine schlecht ausgeleuchtete Platte, die – wie zu lesen – anläßlich der Eröffnung der Bahnerweiterung im Juli 1913 in Auftrag ging, mit Daten aus der Geschichte der Hochbahngesellschaft, kunstvoll gerahmt von 16 Köpfen seiner Planer, Erbauer, Förderer und Geldgeber. Wer sich tief bückt, und sich damit vor der Arbeit verneigt, kann unten rechts den Namen der Firma entdecken, die dem Künstler August Vogel das Werk gegossen hat. Gladenbeck, Friedrichshagen. Ohne sie stände manch bekannte Bronzeplastik nicht in dieser Stadt. Es gibt nur ganz wenige Benutzer der Station, die der Tafel ihre Aufmerksamkeit schenken, zumal sie nur für die nach oben Eilenden ins Blickfeld gerät.

Aber wer will und Zeit hat, kann ja hier noch einmal umkehren und sich in entgegengesetzter Richtung auf den Weg machen, denn es ging auf kleinstem Raum hin und her. Aber so ist das in einer Stadt, in der Geschichte sowieso und im Leben erst recht.

Ansonsten bis zum nächsten Viertel.

Anmerkungen

[1] W. Ziethe – Berliner Bilder aus alter und neuer Zeit, Berlin 1886

[2] Friedrich Nicolai – Beschreibung der Königlichen Residenzstädte Berlin und Potsdam, Band 1–3, 1786, Neudruck 1986

[3] Jugenderinnerungen von Gustav Partey – Erster Teil, Privatdruck mit Zustimmung der Familie Partey, Berlin 1907

[4] Ernst Engelberg – Bismarck, Urpreuße und Reichsgründer, Berlin 1986

[5] Theodor Fontane – Wanderungen durch die Mark Brandenburg, Erster Teil – Die Grafschaft Ruppin, Frankfurt a. M. 1989

[6] Pier M. Rosso di San Secondo – Wedekind in der Klosterstraße. Feuilletons aus dem verrückten Berlin, Berlin 1997

[7] Joseph Roth – Werke, Band I: Das journalistische Werk, Köln 1989

[8] Adolf Behne – Nachruf auf Ludwig Hoffmann, Weltbühne Nr. 28, Jg. 1932

[9] Lebenserinnerungen eines Architekten, Bearbeitet und aus dem Nachlaß herausgegeben von Wolfgang Schäche; Bau- und Kunstdenkmäler von Berlin, Beiheft 10, Berlin 1983

[10] Verwaltungsbericht der Hochbauverwaltung, Berlin 1936, S. 32

[11] Karl Emil Franzos – Aus Anhalt und Thüringen, Berlin 1984

[12] Wegweiser für Fremde und Einheimische durch Berlin und Potsdam und die umliegende Gegend, Berlin 1821

[13] Friedrich Nicolai – Beschreibung der Königlichen Residenzstädte Berlin und Potsdam, Berlin 1784

[14] Bertolt Brecht – Versuche 13–19, Heft 5–8, Frankfurt a. M. 1959 (Reprint 1977)

[15] Josef Falkenberg – Zur letzten Instanz, Ein Berliner Justizroman aus dem Jahre 1932, Berlin o.J.

[16] Heinz Knobloch – Der beherzte Reviervorsteher, Berlin 1990

[17] D. Joseph – Die Parochialkirche in Berlin 1694–1894, Berlin 1894

[18] Berliner Denkmalliste 1995

[19] Gabriele Tergit – Käsebier erobert den Kurfürstendamm, Berlin 1997

[20] Die Bau- und Kunstdenkmäler in der DDR – Hauptstadt Berlin I, Berlin 1984

Ausgewählte Literatur

U 2 Geschichte(n) aus dem Untergrund, Denkmalpflege-Verein Nahverkehr Berlin, GVE 1995

U 8 Geschichte(n) aus dem Untergrund, Denkmalpflege-Verein Nahverkehr Berlin, GVE 1994

Ateliergemeinschaft Klosterstraße, Berlin 1933–45. Künstler in der Zeit des Nationalsozialismus, Berlin 1994

Berlin und seine Bauten, Teil X, Band A – Feuerwachen, Berlin, München, Düsseldorf 1976

Georg Dehio – Handbuch der Deutschen Kunstdenkmäler BERLIN. Bearbeitet von Sibylle Badstübner-Gröger, Michael Bollé, Ralph Paschke und anderen, München, Berlin 1994

Denkmale in Berlin und in der Mark Brandenburg – erarbeitet im Institut für Denkmalpflege, Weimar 1987

Ernst Badstübner – Kirchen der Mönche, Die Baukunst der Reformorden im Mittelalter, Leipzig 1984

Wolfgang Braunfels – Abendländische Klosterbaukunst, Köln 1985

Benedikt Goebel – Die Grunerstraße in Berlin. Zur Kontinuität der Hauptverkehrsstraßenplanung durch die südliche Altstadt. Hausarbeit zur Erlangung des Magistergrades der Philosophischen Fakultät I der Humboldt-Universität zu Berlin, 1997, von Benedikt Goebel aus Münster/Westfalen

Dieter Hoffmann-Axthelm, Ludovica Scarpa – Berliner Mauern und Durchbrüche, Berliner Topographien Nr. 7, Museumspädagogischer Dienst, Juni 1987

Antje Hansen – Ludwig Hoffmanns Stadthaus in Berlin; Jahrbuch des Landesarchivs Berlin 1996

Volker Kähne – Gerichtsgebäude in Berlin, Berlin 1988

Klemmer, Wassermann, Wessel – Deutsche Gerichtsgebäude, München 1993

Eckhart Lottmann – Berliner Feuerwehr, Berlin 1996

Ribbe/Schäche (Hrsg.) – Baumeister – Architekten – Stadtplaner, Biographien zur baulichen Entwicklung Berlins, Historische Kommission zu Berlin, Berlin 1987

Wolfgang Schäche – Architektur und Städtebau in Berlin zwischen 1933

und 1945; Die Bauwerke und Kunstdenkmäler von Berlin, Beiheft 17, Berlin 1992 (2. Auflage)

Dieter Weigert – Der Hackesche Markt, Kulturgeschichte eines Berliner Platzes, Berlin 1997

Quellennachweis Landesarchiv Berlin (LAB)

(I) LAB, Städtische Polizeiverwaltung Nr. 16.580

(II) LAB, Rep. 200 Acc. 3559 Nr. 77

(III) LAB, Rep. 110-1/73

(IV) LAB, Rep. 00/1066 Stadtverordnetenversammlung zu Berlin – Blatt 234

(V) LAB, Rep. 00/1066 Stadtverordnetenversammlung zu Berlin – Blatt 236/37

(VI) LAB, Rep. 10-02 Nr. 5846

(VII) LAB, Rep. 05-02, Nr. 3152 – Städtische Grundeigentums-Deputation zu Berlin

(VIII) LAB, Rep. 10-01/2 Akte Bezirksamt Mitte Parochialstraße, Blatt 31